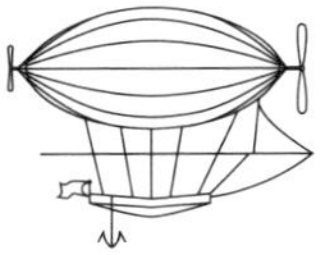

Johann Stoffel
(1899–1970)

Vom populären Dieb zum diplomierten Schneidermeister

Jürg Simonett

Eine Publikation des Instituts
für Kulturforschung Graubünden

HIER UND JETZT

Für Patrizia

Inhalt

Einleitung

Ende Februar 1931 steht ein besonderer Angeklagter vor dem Bündner Kantonsgericht in Chur: Johann Stoffel von Vals. Das öffentliche Interesse ist weit über den Kanton hinaus gross. Ausführlich über Stoffels Taten berichten die drei Churer Tageszeitungen, und in ihrer Berichterstattung schwingt ein gehöriges Stück Faszination für den Angeklagten mit. Die *Neue Bündner Zeitung* behauptet sogar: «Stoffel hatte eine bessere Presse als mancher Politiker vor einer Wahl.»[1]

Wer war dieser Stoffel? Erwähnt man heute den Bündner Ein- und Ausbrecherkönig, reagieren die allerwenigsten. Auch unter Historikerinnen und Historikern weiss man kaum von Johann Stoffels Existenz. Das ist bedauerlich, denn Stoffel war schweizweit berüchtigt und bot Stoff für Legenden. Es soll hier erstmals Licht auf Stoffel und seinen Wandel vom populären Ein- und Ausbrecher zum geachteten Schneidermeister geworfen werden. Weil Stoffels Leben beispielhaft in die gesellschaftlichen Phänomene jener Zeit eingebettet werden kann, leistet das Buch einen spannenden Beitrag zur jüngeren Bündner und zur Schweizer Sozialgeschichte.

Die ersten Begegnungen des Schreibenden mit dem Stoff waren zufällig. Sie ergaben sich meist bei der Beschäftigung mit einem anderen Thema, bei welchem Stoffel nur nebenbei in einem halben Satz oder einer Anmerkung aufschien. Bei der später zielgerichteten Suche redeten aber zahlreiche historische Zeugnisse zum Historiker. Die Fülle an Quellen ist so ergiebig, dass diese hier im Zentrum stehen sollen. Das Buch will keine rein chronologische Biografie sein, sondern eine Collage des Quellenmaterials. Diese Collage orientiert sich thematisch an den verschiedenen Rollen der historischen Figur Johann Stoffel.

Wie kam es so weit, dass ein chronischer Dieb und Gesetzesbrecher es zu grosser Popularität brachte? Wie war Stoffel überhaupt zum weitherum bekannten Dieb geworden, samt seinen – je nach Standpunkt – «Delikten» oder

«Streichen»? Und haben wir es gar mit einem Bündner Robin Hood, einem Social Bandit zu tun? Wie reagierte die gedemütigte Staatsmacht? Wie schaffte es Stoffel schliesslich, einer angesehenen bürgerlichen Tätigkeit nachzugehen? Trifft für einmal also das Etikett der erfolgreichen Resozialisierung wirklich zu?

Heute leben nur noch ganz wenige Zeitgenossinnen und Zeitgenossen, die aus erster Hand berichten können. Immerhin lassen sich mit Interviews noch einige weitere Informationen beibringen, wenn auch nur aus zweiter und dritter Hand. Eine auch nur bescheidene Literatur existiert hingegen nicht. Besser steht es um einschlägige Zeitungs- und Zeitschriftenartikel aus den 1920er- und 1930er-Jahren. Ertragreich ist das Archivmaterial, weitaus am meisten davon findet sich im Staatsarchiv Graubünden in Chur. Häufig stehen die Quellen in Zusammenhang mit dem grossen Prozess von 1931 und stammen vom Kantons-Verhöramt (der späteren Staatsanwaltschaft). Interessante Hinweise liefern auch das Stadtarchiv Zürich und das Staatsarchiv des Kantons Zürich, hielt Stoffel sich doch privat und «beruflich» häufig in dieser Stadt auf. Von zentraler Bedeutung ist sein von ihm eigenhändig verfasster Lebenslauf, den er wenige Tage vor dem Prozessbeginn für seinen Verteidiger erstellte.[2] Sehr dienlich zur Illustration sind auch die zeitgenössischen Fotos aus dem Staatsarchiv Graubünden und aus dem Familienbesitz.

Um gleich zu Beginn Orientierung in einer nicht immer übersichtlichen Ereignisgeschichte zu schaffen, wird im ersten Kapitel ein kurzer Lebenslauf von Johann Stoffel nachgezeichnet. Es folgen unter dem Titel «Der Bastard» Angaben zu seiner schwierigen Herkunft, seinen ersten zwei Lebensjahrzehnten und zur Anbahnung seiner Diebeskarriere. «Der Einbrecher» zeigt Stoffel dann gewissermassen auf der Höhe seiner Fertigkeit. «Der Ausbrecher» behandelt das Gegenteil, nämlich die Kunst des Entweichens. Das Kapitel «Der Schelm» – und diese vieldeutige Bezeichnung ist durchaus gewollt – behandelt die Interaktion zwischen dem Delinquenten und der Staatsmacht, zwischen Selbstbild und Fremdbild. Dieses Zusammenspiel spiegelt sich beispielhaft in Johann Stoffels schillerndem Verhältnis zu den Frauen oder in seiner Funktion als Fasnachtsmotiv.

«Der Angeklagte» geht insbesondere auf den Prozess von 1931 vor dem Bündner Kantonsgericht ein. Dieses Kapitel fasst die tatsächlichen oder auch nur behaupteten Delikte von Stoffel zusammen und erwähnt das Strafmass. «Der Schneidermeister» zeigt auf, wie aus einem Kleinkriminellen der Besitzer einer Uniformenfabrik wurde, und «Die Legende» schliesslich beschäftigt sich mit dem «Stoffelkult». Zeugnisse aus zweiter Hand und einige wenige literarische Bearbeitungen des Stoffs führen zur Frage nach Ähnlichkeiten und Unterschieden zwischen Johann Stoffel und dem in diesem Kontext oft erwähnten Robin Hood.

Die Vita des Johann Stoffel

Johann Stoffel ist eine populäre Figur der 20er- und 30er-Jahre des letzten Jahrhunderts. Nur sehr wenige heute lebende Personen haben ihn noch persönlich gekannt. Umso freier entwickeln sich Sagen und Legenden. Was jedoch belegt ist: Johanns Startchancen sind nicht gut. Er wird im Frühling 1899 in Vals als uneheliches Kind geboren. Er berichtet in seiner Autobiografie, dass die Dorfbewohner ihn als «Bastard» titulierten. Schon als kleines Kind wird er verdingt. Als seine Mutter heiratet, zieht der Neunjährige mit ihr nach Zürich. 1915 tritt sein Stiefvater eine Anstellung in Köln an. Johann arbeitet dort zeitweise unter gesundheitsschädigenden Umständen in einer der Munitionsfabriken, wo der Verdienst aber angesichts des Arbeitskräftemangels recht gut ist. Noch in Köln begeht der junge Mann jedoch die ersten zwei Diebstähle, beim zweiten wird er ertappt und muss eine siebenmonatige Haftstrasse absitzen.

1918 kehren Mutter und Sohn nach Zürich zurück. In der Schweiz stiehlt Johann Stoffel weiter und gerät während der folgenden zwei Jahrzehnte in einen unglücklichen Kreislauf – Zuchthaus, Arbeitshaus, Gefängnis und neuerliche Delinquenz wechseln sich ab. Seine Versuche, im normalen Arbeitsleben Fuss zu fassen, scheitern spätestens dann, wenn er seinen Namen nennt. Stoffel stiehlt vor allem in den Kantonen Graubünden, Zürich, St. Gallen und Glarus. Seine Vorgehensweise ist fast immer die gleiche: Zuerst rekognosziert er die Lage, wobei er nicht selten Gebäude wählt, in denen er früher gearbeitet hat und die er daher schon etwas kennt. Am einfachsten gestaltet sich dann der nächtliche Einstieg, wenn Fenster offen stehen oder nur angelehnt sind. Nicht selten kann er eine Leiter benutzen, die zufällig herumsteht. An Werkzeug verwendet er fast ausschliesslich Stechbeutel und Schraubenzieher, um etwa Schubladen oder Sekretäre aufzustemmen. Hört er Geräusche, bricht er das Unternehmen sofort ab. Seine Beute besteht meist aus Lebensmitteln, Kleidern, Bargeld,

Schmuck, Velos und Briefmarken, also entweder aus Dingen, um seinen Hunger zu stillen, oder solchen, die sich leicht versilbern lassen.

Stoffel ist nicht nur ein gewandter Einbrecher, er bricht auch mehrere Male wieder aus, am spektakulärsten wohl aus der kantonalen Strafanstalt Sennhof in Chur. In zeitgenössischen Quellen wird er oft als wortgewandt und flink beschrieben, nur einen Meter und 57 Zentimeter klein, aber nicht ohne Wirkung auf junge Frauen. Ein Husarenstück leistet er sich im Juli 1929, als er in der gleichen Nacht in den «Sennhof» einbricht und mit gemachter Beute wieder ausbricht. Kein Wunder, dass die kantonalen Institutionen wenig Freude an diesem Kunden haben und sich gründlich gedemütigt fühlen. Sie stellen eigens zwei Landjäger (Polizisten) ab, um Stoffel zu verhaften. Im Herbst 1929 flieht dieser innerhalb eines Monats gleich zweimal aus dem «Sennhof». Das Justizdepartement und die Gefängnisverwaltung müssen sich von der Presse fragen lassen, wie so etwas möglich sei. Wer den Schaden hat, braucht für den Spott nicht zu sorgen: Stoffel wird Motiv der Churer Fasnachtsplakette von 1930.

1931 muss er vor dem Bündner Kantonsgericht erscheinen. Sein Sündenregister weist schon vor Prozessbeginn allein für Graubünden nicht weniger als dreizehn Vorstrafen, zwei Monate Korrektionsanstalt Realta und fünfzig Monate Gefängnis aus. Die Gerichtsverhandlung ist eine kleinstädtische Sensation mit grossem Publikumszulauf. Es rapportieren nicht nur die drei Churer Tageszeitungen, sondern auch manche Presseerzeugnisse aus der Deutschschweiz sowie aus dem rätoromanisch- und italienischsprachigen Graubünden. Fast alle schlagen einen belustigten und ironischen Tonfall an, wenn es darum geht, über die neuesten Streiche zu berichten. Getreulich wird etwa notiert, wie Stoffel die Polizei dauernd zum Narren hält, bei seinen Raubzügen nie Gewalt anwendet und bei Gelegenheit eine spöttische Nachricht im heimgesuchten

Hotelzimmer hinterlässt. Stoffel wird zu zweieinhalb Jahren Haft verurteilt und noch am gleichen Tag wieder in die Strafanstalt Regensdorf überstellt, wo er bereits für seine Zürcher Straftaten einsitzt. Kurz vor dem Churer Prozess hat sich Stoffels Verteidiger in Regensdorf nach dem Verhalten seines Mandanten erkundigt. Die Auskunft war überaus günstig, besonders wurde erwähnt, dass Stoffel im Gefängnis eine Schneiderlehre begonnen hatte. Unklar ist, wann er nach seinen Strafen für Delikte in Zürich, Glarus und Graubünden entlassen wurde.

Das nächste bekannte Datum ist der Oktober 1937, als er im schaffhausischen Thayngen eine Ruth Stamm heiratet. Spätestens 1939 ist Johann Stoffel in Schaffhausen wohnhaft, 1947 zieht er ins benachbarte Herblingen. Er macht eine gutbürgerliche Karriere, zuerst mit einem Schneidergeschäft, dann mit seiner «Schaffhauser Uniformenfabrik». Er spezialisiert sich auf Uniformen aller Art, die er in seiner Liegenschaft in Herblingen produziert, in guten Zeiten mit bis zu 15 Angestellten. 1951 besteht er die Meisterprüfung im «Herrenschneiderhandwerk».

Den Kontakt zu Vals verliert Stoffel nie ganz: Während des Baus der Kraftwerke Zervreila in den 1950er-Jahren verkauft er ein- bis zweimal pro Jahr auf dem Valser Dorfplatz Arbeitskleidung und Textilien für den Hotelbedarf. 1956 beteiligt er sich grosszügig an der Neuuniformierung der Blasmusik. Ab 1968 führen Tochter und Schwiegersohn den Betrieb in Herblingen. Johann Stoffel stirbt am 7. April 1970 im Kantonsspital Schaffhausen.

Der Bastard

Bereits die ersten beiden Lebensjahrzehnte von Johann Stoffel verlaufen – wie der Vita zu entnehmen ist – recht turbulent und unstet. Im Geburtsort Vals wird er gemäss seiner Autobiografie oft geschlagen und auch sonst wie ein Verdingkind behandelt. Die Bezeichnung «Bastard» verdankt er seiner unehelichen Geburt. Im Alter von neun Jahren zieht er mit seiner Mutter, die unterdessen geheiratet hat, nach Zürich. Dort geht er eher sporadisch zur Schule und führt eine äusserst prekäre Existenz. Der Vater ist kaum präsent und bietet keine Unterstützung, die Mutter hangelt sich mühsam von einer kleinen Hilfsarbeit zur anderen. Stoffel berichtet, wie er unter anderem als Ausläufer arbeitet und als Zwölfjähriger mit Seifen und Seifenpulver hausiert.

Der Blick auf Stoffels Jugend, auf seine gesellschaftliche Randständigkeit ist wichtig, um seinen späteren Werdegang zu verstehen. Die zentrale Quelle für dieses Kapitel ist eine kurze Autobiografie, die Johann Stoffel 1931 vor dem grossen Prozess in Chur niederschreibt. Diese Schilderung muss also immer auch im Lichte ihrer juristischen Verwertbarkeit gelesen werden: Sie soll den Delinquenten Stoffel dem Gericht nahbarer machen.

VALS

Stoffels Mutter ist bei Johanns Geburt 23 Jahre alt. Sie ist die Tochter des Johann Stoffel, Taglöhner, und der Monika Schmid.[3] Im Zivilstandsregister der Gemeinde Vals ist zu lesen: «10. März 1899, um ein Uhr dreissig Minuten nachmittags, lebend geboren zu Vals, Stoffel Johann, unehelicher Sohn der Katharina Stoffel von Vals, eingetragen auf Anzeige der Grossmutter Monika Stoffel.» Man muss annehmen, dass es Katharina als ledige Mutter im streng katholischen Vals nicht leicht gehabt hat. Die Berufsbezeichnung ihres Vaters, Taglöhner, deutet auf bescheidene

Vals, mit Blick aus Südwesten, im Jahr 1907, kurz bevor Johann Stoffel mit seiner Mutter nach Zürich zieht.

wirtschaftliche Verhältnisse hin. Allerdings scheinen Katharina und Johann nicht zum jenischen Zweig der Stoffel zu gehören. Zwar werden Johann in den folgenden Jahren immer wieder typisch jenische Eigenschaften zugeschrieben: «mangelhafte Erziehung, schlechtes Beispiel im Elternhaus sowie eine gewisse erbliche Belastung zum Vagabundentum».[4] Eine klare jenische Zugehörigkeit wird aber weder bei Johann, seiner Mutter noch seiner Grossmutter erwähnt oder gar belegt.

Vals hat um 1900 bei der eidgenössischen Volkszählung 736 Einwohnerinnen und Einwohner, ganz ähnlich wie bei den Erhebungen in den Dezennien vor- und nachher. Vals und das Valsertal sind lange Zeit ganz besonders isoliert. Talauswärts liegt die unwegsame Schlucht Richtung Ilanz, in die andere Richtung führt der Weg über den 2502 Meter hohen Valserberg ins Rheinwald, zu den südlichen Pässen und den lombardischen Märkten, auf denen im Herbst das Vieh verkauft wird. Östlich ins Safiental und westlich ins Val Blenio führen nur steile Fusswege. Zu den geografischen Hindernissen kommen konfessionelle und sprachliche Barrieren. Eine wichtige Zäsur bildet der Bau der Fahrstrasse von Ilanz her in den Jahren 1878/79: Vals orientiert sich neu nach Norden. Eine der ganz wenigen Verdienstquellen neben der omnipräsenten Landwirtschaft bietet die Mineralquelle: 1893 öffnen Kurhaus und Badeanstalt. Noch um die Wende zum 20. Jahrhundert existieren eine saisonale Wanderung von Erntearbeitern ins Rheinwald sowie die «Schwabengängerei» vieler Kinder nach Süddeutschland. Vals leidet seit jeher stark unter Lawinen und Überschwemmungen.[5]

In dieser kleinen und rauen Welt wächst Johann Stoffel auf. Er selbst beschreibt 1931 seine ersten Jugendjahre rückblickend so:

Ich bin Vals geb. u. zwar ausserehelich u. war schon als Wikelkind der ganzen Gemeinde ein Dorn im Auge den wie ich später erfuhr war so etwas in der Gemeinde Vals noch nie vorgekomen ich blieb nun bei meinen Grosseltern da meine Mutter in Stellung ging ich wurde aber von meinen Grosseltern förmlich gehasst u. sobald es sich machen liess wurde ich verdingt was für ein Leben ein Verdingkind hat brauch ich Ihnen doch sicher nicht beschreiben u. ich hatte es noch schlimmer als ein Verdingkind im gewöhnlichen Sinne den man sah ihn mir einen Bastard u. sagte mir das auch unverhohlen ins Gesicht wen ich nur einmal ein kleinwenig es auch leben wollte wie andre Kinder dann konnte ich tagelang die Strimen auf meinem Leibe zählen u. ich lernte schon als Bube von 7 bis 8 Jahren hassen alles was mit mir in Berührung kam nie gar nie habe ich Liebe kenne gelernt. So war ich nun bis zum 9ten Jahre verdingt inzwischen hatte meine Mutter geheiratet aber ohne vorher dem Manne mitzuteilen das sie ein Kind habe u. ich wurde auch von diesem sehr gehasst ehe er mich sah er kam dann mit Mutter um mich zu holen.[6]

Tochter Gerdy bestätigt, dass Johann Stoffel in Vals verdingt worden ist; er hatte unter anderem die Glocken zu läuten und die Geissen des Dorfes zu hüten.[7] Sein Schicksal ist kein Einzelschicksal. Der Begriff «Verdingkinder» bezeichnet Kinder, die ausserhalb ihrer Familie platziert werden und in der Regel eine Arbeitsleistung erbringen müssen, häufig in der Landwirtschaft. Grund für die Einweisung sind etwa Armut der Familie oder angebliche Immoralität der oft unehelichen Mütter. Auch Scheidung oder Tod der Eltern können zur Fremdplatzierung führen. Verdingkinder, billige Arbeitskräfte, kommen die einweisende Behörde oft günstiger zu stehen als die Unterbringung etwa in einem Heim. Die meist bäuerlichen Familien, die diese Kinder aufnehmen, erhalten von der Fürsorge ein willkommenes Nebeneinkommen.

Den Verdingkindern geht es am neuen Ort unterschiedlich. Während die einen von ihren Pflegeeltern anständig behandelt werden, gehen andere einen Leidensweg mit krasser Vernachlässigung, Prügeln, sexuellem Missbrauch, Gewalt und emotionaler Grausamkeit. Eine regelmässige Kontrolle der Fürsorgestellen bleibt die Ausnahme. Eine andere Form der Verdingung bildet bis zum Ersten Weltkrieg die «Schwabengängerei» – etwa von Kindern aus den Dörfern des Bündner Oberlandes, die im Sommer nach Süddeutschland wandern und so dafür sorgen, dass zu Hause ein Esser weniger am Tisch sitzt. Nicht selten finden sie ihre neuen Dienstherren auf veritablen «Verdingmärkten». Nach Süden ziehen regelmässig die Spazzacamini, die bis zur Mitte des 20. Jahrhunderts in Norditalien als billige Kaminfeger arbeiten. Ihr Schicksal beschreibt Lisa Tetzner im Roman «Die schwarzen Brüder».

Die Institution der Verdingkinder wird teilweise schon im 19. Jahrhundert kritisiert, besteht aber bis weit ins 20. Jahrhundert, etwa für Hirtenbuben auf der Alp. Erst in der jüngsten Vergangenheit wird das Thema vermehrt aufgegriffen. Eine Ausstellung des Rätischen Museums Chur stellt 2010 folgende Fragen: «Was geht in einem Kind vor, das von seinen Eltern getrennt wird und in einem fremden Umfeld aufwächst? Wie bewältigt es das Fehlen seiner Bezugsperson, den Mangel an Geborgenheit, die Ausgrenzung? Wie wird ein Kind dadurch geprägt? Und wie geht es damit in seinem späteren Leben um?» Der Kanton Graubünden kennt eine besonders leidvolle Geschichte der Verdingung und anderer fürsorgerischer Zwangsmassnahmen. Die Regierung entschuldigt sich 2017 offiziell bei deren Opfer. In Chur existiert seither ein «Ort der Erinnerung für die Betroffenen von fürsorgerischen Zwangsmassnahmen und Fremdplatzierungen in Graubünden». Zu Zeiten Johann Stoffels besteht diesbezüglich jedoch bei Behörden und der Gesellschaft kaum ein Unrechtsbewusstsein.[8]

ZÜRICH

Natürlich ist Stoffels Autobiografie wie alle Texte dieses Genres mit Vorsicht zu geniessen. Sie tendieren nicht selten zur Schönfärberei und folgen meist einer bestimmten Absicht. Die Angaben, die Stoffel in seiner Autobiografie macht, sind oft nicht verifizierbar. Seine Bemerkung, er sei das erste uneheliche Kind in Vals gewesen, scheint ganz und gar unwahrscheinlich. Hilfreich zur Überprüfung der Aussagen sind einige Meldekarten der Einwohnerkontrolle im Stadtarchiv Zürich. Am 10. März 1914 meldet sich Stoffel zum ersten Mal in Zürich an, kommend von Vals. Gemäss seiner Autobiografie hält er sich aber seit spätestens 1911 in Zürich auf. Die Angaben stimmen zwar nicht präzise überein, scheinen aber möglich, wenn man Stoffel die ungefähr 17 Jahre zugutehält, die zwischen dem Erlebten und der Abfassung der Erinnerungen liegen.

Und so kam ich nach Zürich resp. nach Uster wo ich nun ihn die Schule ging aber auch da war es nur kurze Zeit u. mein Stiefvater beging ein Unterschlagung im Betrage von 24000 Fr. u. liess meine Mutter u. mich ihm Elend sitzen mir standen nun Mittel u. Obdachlos da u. gingen nach Zürich wo meine Mutter eine Stellung annahm aber da mein Stiefvater ihr keine Treue hilt versagte Sie sich darin auch nichts nichts und da war ich nun wieder im Wege u. kam in Kost und Logis und zwar ganz in der Nähe es kommt nie ein Unglück allein meine Mutter bekam eine Augenentzündung u. ich allein als 12 jähriger Junge verdiente unsern Unterhalt und zwar indem ich mit Seifen u. Seifenpulver hausierte usw [?] ich habe es gerne getan für meine Mutter aber ich hatte nur erobert dass ich auch nach ihrer Besserung weiterhausieren musste bis man mich 3 bis 4 mal erwischte u. mich 1 ganzen Tag einsperrte u. meiner Mutter drohte das man mich Ihr wegnehme wenn ich noch einmal hausieren gehe. Das half. Und ich bekam eine Stelle als Ausläufer u. war nun von meiner Mutter fort den ich hatte in meiner Stellung Kost und Logis u. sah meine Mutter nur sehr wenig bis dan plötzlich mein Stiefvater wieder auftauchte er wurde auch vor Gericht gestellt aber weil solange Zeit darüber verflossen wurde er freigesprochen.[9]

In der Stadt Zürich lebt Johann Stoffel in einem besonderen Quartier. Bis 1893 ist Aussersihl eine eigene Gemeinde, erst dann wird es als Kreise 4 und 5 der Stadt Zürich einverleibt. Damit wird bekräftigt, was schon lange Tatsache ist, nämlich die enge Verzahnung Aussersihls mit der Stadt. Kaum verschiedener könnten hingegen die sozialen und wirtschaftlichen Verhältnisse sein: In der Altstadt, im Kreis 1, wohnen vor allem die besser stehenden Einheimischen, im Kreis 4, im Kreis «Cheib», die minder Privilegierten aller Art. Es sind dies vor allem zugezogene Arbeiter und Handwerker, besonders viele Italiener, die in der Baubranche beschäftigt sind. Nicht immer gestaltet sich das Zusammenleben reibungslos, so etwa bei den «Italiener-Krawallen» von 1896. Die Wohnverhältnisse sind im Allgemeinen äusserst bescheiden. Bei der Eingemeindung im Jahr 1893 hat Aussersihl mehr Einwohner als die damalige Stadt Zürich.

Neben die wirtschaftliche Immigration tritt die politische, auch hier wieder vor allem aus Italien. Es entsteht in Aussersihl eine hochpolitische Gemengelage, mit einer starken linken Übermacht, die auch im täglichen Leben stets präsent ist, wie in den sogenannten Vorfeldorganisationen der Gewerkschaften und der Sozialdemokratie, die «Naturfreunde» oder die «Arbeiter-Velofahrer» etwa. Wichtig ist auch die eigene Tageszeitung, das sozialdemokratisch-gewerkschaftliche *Volksrecht.* Es bildet sich eine eigentliche Arbeiterkultur mit eigenen Organisationen parallel zu denjenigen des Bürgertums aus.

Das Bezirks- und Gerichtsgebäude an der Badenerstrasse ist das ungeliebte Symbol des Bürgertums im proletarischen Kreis 4. Darum finden Manifestationen mit Vorliebe vor diesem Gebäude statt, wobei es vor allem in den Jahren 1918 und 1919 durchaus gewaltsam zugehen kann. Andreas Petersen rekonstruiert beispielsweise folgenden Vorgang: «Der etwa 2000 Menschen umfassende Zug marschierte, zunächst mit dem Polizeivorstand an der Spitze, über die Bahnhofstrasse dem Kreis 4 zu. Gegen 21.30 erreichte die Menge unter Absingen der Internationale ihr Ziel. Einzelne Rufe ‹Holed de Wyss use!› ertönten, und eine Gruppe von Demonstranten begann mit Pickeln und anderen Brechwerkzeugen von der Kanzleistrasse aus das Tor zum Gefängnishof zu bearbeiten. Steinhagel gegen die Fenster der nach der Kanzlei- und Rotwandstrasse gelegenen Fassaden setzten ein. Sozialdemokratische und gewerkschaftliche Führer bemühten sich nach besten Kräften, das gewaltsame Treiben zu verhindern. Der Unionspräsident wurde dabei durch einen Pickelhieb am Kopf verletzt, und auch Polizeivorstand Traber konnte trotz Polizeieskorte nichts ausrichten [...]. Der Krawall forderte schliesslich drei Tote, zwei nicht volljährige Bauarbeiter und einen kantonalen Polizeidetektiv.»[10] An diesem «Sturm» oder «Putsch» aufs Bezirksgebäude vom 13./14. Juni 1919 nimmt laut Ausführungen in seinem Lebenslauf auch Johann Stoffel teil, er macht aber keine weiteren Angaben – doch dazu später.

KÖLN

Johann Stoffel meldet sich am 19. Juli 1915 in Zürich ab. Zusammen mit seiner Mutter und dem Stiefvater zieht der Sechzehnjährige nach Köln, mit circa 600 000 Einwohnerinnen und Einwohnern eine richtige Grossstadt. Das Motiv für den Wegzug nach Köln ist offenkundig: Stiefvater Schärer tritt eine neue Stelle an, und zwar als Prokurist in einer Linoleumfabrik, den Rheinischen Linoleumwerken Bedburg. Auf den ersten Blick mag es erstaunen, dass ein Schweizer auf führender Position in einem nordrhein-westfälischen Betrieb tätig sein kann. Doch 1915 ist kein normales Jahr, es ist das zweite des Ersten Weltkriegs. Noch stottert die Kriegswirtschaft nicht im späteren, drastischen Ausmass, aber es fehlt immer mehr an qualifiziertem Personal und an Arbeitern, die fast überall in den Militärdienst eingezogen worden sind. Da greift man gerne auf neutrale

Länder wie die Schweiz zurück, die dieses Problem weniger kennen. Der gleiche Mechanismus spielt übrigens auch zwischen dem neutralen Irland und England. Ebenso werden Frauen zunehmend für kriegswichtige Aufgaben verpflichtet.

Wie ergeht es Johann Stoffel in diesen turbulenten Zeiten? Er beginnt mehrere Lehren, bricht diese aber wieder ab. Monatelang liegt er im Krankenhaus, nimmt dann eine Stelle in einer Munitionsfabrik an, wo er ein halbes Jahr beschäftigt ist. In welcher Fabrik er arbeitet, ist nicht bekannt. Die Ärzte und Stoffels Mutter verbieten Johann schliesslich aus gesundheitlichen Gründen die weitere Arbeit in der Fabrik, auch wenn der Lohn doppelt so hoch ist wie bei seiner nächsten Stelle als «Kaffeehaus-Telephonist». In den gut drei Jahren, in denen Stoffel in Köln weilt, gelten zunehmend die strengen Vorgaben der Kriegswirtschaft. Der umfassende Rohstoffmangel tangiert die Konsumgüterindustrie genauso wie die militärische Produktion. Ab 1915 kommt es vor allem in den Grossstädten zu ersten Protesten, ein Jahr später zu ersten Streiks.

Stoffel ist wohl Zeuge dieser Auseinandersetzungen, er berichtet in seiner Autobiografie aber nichts davon. Als er am 9. November 1918 nach Zürich zurückkehrt, ist die deutsche Niederlage absehbar und die Revolution in vollem Gange. Bis zum schweizerischen Generalstreik dauert es noch drei Tage. Stoffel beschreibt seine Kölner Zeit folgendermassen:

Und wir gingen nach Köln a/ Rhein anfangs dem Krieg wo er eine Stelle als Prokurist in den Rheinisch-Linoleumfabriken Bedburg bekam. Nun wurde ich in die Lehre gegeben u. zwar als Mechaniker u. ich hatte auch Freude daran aber da ich sehr schwach war wurde ich krank u. nachdem ich Monatelang im Krankenhaus in Düren lag durfte ich ich wieder nach Hause inzwischen aber hatte mein Stiefvater seine Stellung gewechselt u. nach Köln selbst gezogen. Als ich nun wieder ganz hergestellt war musste ich nochmals in die Lehre u. zwar als Kellner man hatte aber vorher nicht bedacht das ich kaum in die Schule gegangen war u. somit sehr schlecht rechnen konnte aber wir merkten es bald den fast täglich hatte ich zuwenig Geld bei der Abrechnung u. nun musste ich auch hir wieder aus der Lehre u. mein Stiefvater beschuldigte mich das fehlende Geld für mich gebraucht zu haben u. sagte mir alle möglichen schlechten [?] es war nicht wahr ich hatte wirklich zuwenig u habe es nicht für mich gebraucht um keine bösen Worte u. Vorwürfe mehr zu bekommen nahm ich eine Stellung in einer Munitions-Fabrik an es ging nun ein halbes Jahr ganz gut u. ich gab all mein verdientes nach Hause. Sie können darüber meine Mutter fragen aber nach circa 7 Monaten wurde ich wieder krank u lag abermals 10 Wochen im Krankenhaus von dort entlassen untersagten mir die Ärzte die Arbeit in die Munitions-Fabrik wieder aufzunehmen auch meine Mutter wollte mich nicht mehr gehen lassen ich nahm dan auch eine Stelle als Kaffeehaustelephonist an u. zwar im Café Rheinhardt aber der Verdienst war kaum die Hälfte von dem in der Munitions-Fabrik u. mein Stiefvater war wütend u. brach bei jeder Gelegenheit einen Streit vom Zaun u. und bei einem solchen Streite wars als ich ihm sagte er sei ein Tyrann. da griff er zu Hundpeitsche jawoll u. schlug mich bis ich zusammenbrach und drei Tage später ging ich Nachts heimlich von [?] fort da ich nun Angst hatte das man mich suchen würde ging ich zu einem früheren Collegen mit dem ich gearbeitet habe im Caffee Bauer wo ich als Kellner in der Lehre stand der hauste zusammen mit seinen beiden Schwestern in Köln-Deutz u. nun kommt das was mich auf meine jetzige Laufbahn gebrach hatt ich lernte das eine dieser Mädchen lieben das man mich nur ausnützte habe ich nicht gemerkt was ich an Geld besass gab ich hin u. als ich keins mehr hatte wurde ich vom schon erwähnten Bruder belehrt wie wir zu Geld kommen könnten das erste mal ging es gut aber das zweitemal wurden wir erwischt u. ich bekam 3 [?] Monate Gefängnis in welchem sich meine Mutter meiner Annahm.[11]

ZURÜCK NACH ZÜRICH

Nach Verbüssung von Johanns Strafe reisen Sohn und Mutter wieder in die Schweiz zurück. Die Meldekarten der Einwohnerkontrolle im Zürcher Stadtarchiv geben das genaue Datum an: 9. November 1918.

Da ich hier nicht gleich eine Stellung fand wurde ich von Mutter auch sehr schlecht behandelt u nur um von zu Hause fortzukommen nahm ich die Stelle eines Freiwilligen Grippekrankenpflegers an wo ich wenigsten Kost u Logis hatte u. habe ein Hilfslatzerett Tonhalle u. im Hirschengraben-Schulhaus u. zuletzt im «Riedtli»-Schulhaus unter Dr. Major Suter gepflegt aber auch dieses nahm ein Ende u. ich durfte nicht nach Haus warum werden Sie fragen lassen Sie das Ihnen mündlich mitteilen. Eine Stellung fand ich nicht u. liess mich überreden am Streick mit den Jungburschen teilzunehmen u. ich wurde dan bei dem Putsch am Bezirksgebeude in Zürich arretiert u. nach Chur geliefert.[12]

Das Jahr 1918 ist für die Schweiz ein Schicksalsjahr. Einerseits steuert die soziale und politische Unrast auf einen nie gekannten Höhepunkt zu. Andererseits bricht spätestens Mitte Jahr die sogenannte Spanische Grippe aus, eine hochansteckende Krankheit, die durch Tröpfchen übertragen wird. Es handelt sich um eine besonders gefährliche Grippe, bei der Lungenentzündung und Blutzersetzung im Extremfall innerhalb von 24 Stunden zum Tod führen. Nicht selten bluten die Angesteckten plötzlich aus Nase und Mund. Die Toten müssen so schnell wie möglich begraben werden. Aus Furcht vor einer Infizierung kommt das gesellschaftliche Leben fast vollständig zum Erliegen. Fast alle öffentlichen Veranstaltungen fallen aus, Schulhäuser und Militärbaracken werden zu Notfallspitälern. Behörden und Ärzte stehen der Katastrophe beinahe hilflos gegenüber, abgesehen von den Schutzimpfungen mit ihrer Präventionswirkung. Harsche Kritik muss insbesondere die Armeesanität über sich ergehen lassen, die auf die Epidemie völlig ungenügend vorbereitet gewesen sein soll.

In der Schweiz leiden circa zwei Millionen Menschen mehr oder weniger stark an der Krankheit. Zwischen Juli 1918 und Juni 1919 sterben 24 449 Menschen infolge der Grippe. Die geschätzten zwanzig bis fünfzig Millionen Grippeopfer weltweit übersteigen die Zahl der Todesopfer des gesamten Ersten Weltkriegs. Während der ersten Grippewelle vom Juli 1918 sterben täglich bis zu 35 Armeeangehörige, was angesichts der engen Unterkünfte und Bunker nicht verwunderlich ist. Im Oktober und November beginnt eine zweite Welle, die durch die weiterhin stattfindenden Streiks einerseits und Truppenaufgebote andererseits noch verstärkt wird und zu gegenseitigen Schuldzuweisungen führt. Eine dritte, weniger starke Welle wird im Januar 1919 registriert. Die Bevölkerung wird aufgefordert, Matratzen und Bettdecken zu spenden, ihre Autos zur Verfügung zu stellen und überhaupt Freiwilligendienste zu leisten. Wie in allen Notlagen üblich, werden auch mehr oder minder wirksame Heilmittel angeboten, etwa Seifen, Spülungen und Staubsauger bis hin zur prosaischen Desinfizierung der Telefone.[13]

Zum gesundheitlichen Notstand tritt ein politischer. Gegen Ende des Ersten Weltkriegs wird in der Schweiz der Graben zwischen Unternehmern und Bauern einerseits und Arbeitern andererseits immer tiefer. Während die einen grosse Gewinne einfahren, haben die anderen unter den drastischen Kostensteigerungen, etwa bei den Lebensmittelpreisen, zu leiden. Ab 1917 nehmen die Arbeitskämpfe deutlich zu. Die Fronten verhärten sich immer mehr, militärische Aufgebote in den grossen Städten sollen hoch zu Ross den «Ordnungsdienst» gewährleisten, werden aber von den Streikenden als Provokation verstanden. Das Oltener Aktionskomitee ruft schliesslich am 12. November 1918 zum unbefristeten Generalstreik auf und verlangt folgende Reformen, teils politischen, teils sozialen Inhalts:

1. Sofortige Neuwahl des Nationalrats auf der Grundlage des Proporzes
2. Aktives und passives Frauenstimmrecht
3. Einführung der allgemeinen Arbeitspflicht
4. Einführung der 48-Stunden-Woche in allen öffentlichen und privaten Unternehmungen
5. Reorganisation der Armee im Sinne eines Volksheeres
6. Sicherung der Lebensmittelversorgung im Einvernehmen mit den landwirtschaftlichen Produzenten
7. Alters- und Invalidenversicherung
8. Staatsmonopole für Import und Export
9. Tilgung aller Staatsschulden durch die Besitzenden

Am Landesstreik (auch: Generalstreik) nehmen circa 250 000 Männer und Frauen teil, vor allem in der Deutschschweiz und in den grossen Städten, aber auch etwa in Davos oder Chur. Der Bundesrat laviert anfänglich, schwenkt dann aber auf die harte Linie von General Ulrich Wille ein, der den Konflikt militärisch lösen möchte. Der Bundesrat erlässt ein Ultimatum, welches das Ende des Landesstreiks verlangt. Das Oltener Aktionskomitee beschliesst am 14. November, also nach nicht einmal drei Tagen, den Streikabbruch. Es befürchtet insbesondere die militärische Niederschlagung des Streiks und bürgerkriegsähnliche Zustände.

Von Johann Stoffel wissen wir aus oben zitiertem Ausschnitt seiner Autobiografie, dass er sich von den Jungburschen hat überreden lassen, beim Streik mitzumachen. Die Teilnahme am Landesstreik vom 12. bis 14. November 1918 sowie der Sturm auf das Bezirksgebäude vom 13./14. Juni 1919 in Zürich Aussersihl[14] sind aber offenbar die zwei einzigen klassisch-politischen Manifestationen, an denen Stoffel partizipiert. Welche Rolle er bei den sozialistischen Jungburschen gespielt hat, konnte nicht eruiert werden. Wenn er allerdings von «überreden» spricht, deutet dies eher auf einen Mitläufer hin. Bemerkenswert ist die Tatsache, dass er erst ab dem 9. November in Zürich, von Köln herkommend, angemeldet ist, nur drei Tage also vor Beginn des Landesstreiks. Möglicherweise hat er noch Bekannte von früher im linken Biotop von Aussersihl. Nicht auszuschliessen ist natürlich ein spontaner Entschluss zum persönlichen Einstehen für die gute Sache. Auch seine Mutter wohnt in Zürich, laut Meldekarten findet Johann Stoffel bei ihr zeitweise Unterschlupf, etwa an der Freischützgasse im Kreis 4.[15]

Es scheint so, also ob Stoffel nach der Ankunft in Zürich seine kleinkriminellen Touren recht bald wieder aufnimmt. Bereits am 11. März 1919 erfolgt auf Beschluss des Zürcher Regierungsrats die Kantonsverweisung, was Stoffel offenbar nicht daran hindert, drei Monate später am Sturm auf das Bezirksgebäude teilzunehmen. Er lebt in jener Zeit ein prekäres Leben. Selbstverständlich reichen die «Einkünfte» aus seinen Diebestouren bei Weitem nicht, um sich finanziell über Wasser zu halten. Eine feste Anstellung findet er aufgrund seines Rufes auch kaum. Darum reist er «häufig auf Bildern», wie etwa aus späteren Anweisungen aus dem Gefängnis an die Mutter hervorgeht. Um welche Art Bilder es sich handelt, bleibt unklar.[16]

Der Einbrecher

Der Einbrecher Johann Stoffel kundschaftet aus, steigt ein – er wendet aber nie Gewalt an. Leise und nicht selten mit akrobatischen Einlagen macht Stoffel sich jeweils mit der kleinen oder grossen Beute wieder davon. Die wichtigste Quelle zu seinen Einbrüchen ist – neben den Zeitungen – die umfangreiche Anklageschrift der Staatsanwaltschaft (Kantons-Verhöramt) von 1931, die im Staatsarchiv Graubünden in Chur liegt. In 18 «Tatbeständen» wird allein für das Jahr 1929 detailliert dargelegt, wann, wo und wie Stoffel «arbeitet». Seine Einbrüche begeht er zwar über das ganze Jahrzehnt hinweg, sie sind aber in der Regel weniger gut dokumentiert.

DAS SÜNDENREGISTER

Nach seiner Wegweisung aus dem Kanton Zürich 1919 findet Stoffel, wie er selbst schreibt, auch in Chur keine Anstellung. Er leiht sich beim «Velohändler Vassela in Chur» ein Rad und fährt damit nach Zürich, wo er von seinen Eltern aber nicht aufgenommen wird.

Um nicht hungern zu müssen verkaufte ich das Rad u. als auch dieses Geld alle war wurde ich zum Dieb, stahl zwei oder drei Fahrräder ich glaube beim dritten wurde ich beim Verkauf verhaftet u. wurde in Zürich u Glarus u Chur nach einander abgeurteilt.[17]

Stoffel gerät früh auf die Diebeslaufbahn. Bereits in Deutschland wurde er einmal verhaftet und zu einer Gefängnisstrafe verurteilt. Spätestens ab 1919 ist er häufig in Graubünden tätig. Das Muster ist oft das gleiche: Er steigt in ein Haus ein und entwendet Objekte, die sich leicht zu Geld machen lassen. So stiehlt er Wolldecken aus dem Kurhaus Rothenbrunnen, die er in der Umgebung verkauft. Häufig werden auch Fahrräder zu Diebesgut, eines etwa schwatzt er einem Landwirt in Tavanasa auf. Sehr willkommen sind natürlich Schmuckstücke. Ganz ohne Humor arbeitet Stoffel nicht: Als «Spass» darf es auch einmal eine grosse Grison-Pralinen-Schachtel sein, leider angebraucht. Fast alle diese Delikte gibt er ohne Weiteres zu, die grösseren ebenso wie die vielen kleinen und kleinsten. Sein Gegenpart ist in all den Jahren das Kantons-Verhöramt in der Person von Dr. Eduard Fanconi.[18]

In einem Verhör vom Sommer 1920, das Fanconi führt und Landjäger Putscher protokolliert, wird auf drastische Weise klar, dass Stoffel bei seinen Streifzügen nicht selten vom Hunger getrieben wird:

Es scheint auch, dass Sie in Rothenbrunnen noch verschiedene Sachen entwendet haben, die Sie bisher nicht erwähnt haben?
Was?
Verschiedenes!
Nur noch das was ich gegessen habe!
Was also?
Bindenfleisch und Zwieback. Chokolade, das ist Alles.
Haben Sie nicht auch Sardinen gegessen?
Das stimmt! Die habe ich vergessen gehabt. Ich glaube es waren 2 Schachteln gewesen.
Tonfisch?
Es waren zwei Schachteln im Ganzen vielleicht war die eine mit Ton. Dann habe ich aus einem Topf «Honig» gegessen etwa 2–3 Löffel. Der Topf war allerdings intakt gewesen, als ich dran bin. Ich habe dann den Topf wieder zugedeckt.
Haben Sie auch etwas getrunken?
Ja, ja. Ich habe aber nur ein Glas mögen, das andere habe ich zurückgelassen.[19]

Gemäss einem «Auszug aus dem Centralstrafregister» von 1918 bis 1923 begeht Stoffel regelmässig Verbrechen. Er wird dafür auch ebenso regelmässig verurteilt, seitens des Kantons Graubünden 1921, 1923 und 1925 etwa für Diebstahl, Betrug oder Unterschlagung. Das Strafmass beträgt in aller Regel ein paar Monate. Zwei Wochen erhält er allein für «Ungehorsam». Gemäss einer Fiche von 1920, die bei der Kantonspolizei liegt, steht sein Sündenkonto bei vier Vorstrafen, einem Velodiebstahl als Grund der letzten Haft und Unterschlagung als Grund der gegenwärtigen Inhaftierung. Auch im *Schweizerischen Polizei-Anzeiger* ist Stoffel Thema; so etwa bei Diebstählen im Januar 1923 in zwei Fremdenzimmern der Pension Solaria in Davos. Als «Dringend verdächtig» wird Stoffel angeführt.[20]

Sechs Jahre später, im August 1929, tönt es im gleichen Anzeiger immer noch ganz ähnlich. Stoffel scheint wie eh und je aktiv zu sein. Das Bündner Landjäger-Kommando bittet um «intensive Fahndung» und führt als besondere Merkmale an, dass er eher klein, gewandt und vermutlich gut gekleidet sei. Als Berufe erscheinen Hotelangestellter, Sattler und Mechaniker. Sein momentaner Aufenthaltsort sei nicht bekannt, infrage kämen neben Graubünden vor allem St. Gallen, Zürich, Bern, Luzern und wohl auch Österreich (Vorarlberg). Die polizeiliche Vermutung ist erstaunlich präzis: Am Erscheinungstag des Anzeigers ist Stoffel mit seiner Freundin unterwegs nach Österreich, via Schruns, Innsbruck und Salzburg nach Wien.

Anfang 1931 sind unter dem Namen Johann Stoffel allein in Graubünden nicht weniger als 13 Vorstrafen sowie mehr als sage und schreibe fünfzig Monate hinter Gefängnismauern und zwei Aufenthalte in der Korrektionsanstalt Realta vermerkt.[21] Ganz ähnlich sieht es bei den angrenzenden Kantonen aus, vor allem in Zürich und St. Gallen. In Glarus hat sich Stoffel für sechs Diebstahl- und Diebstahlsversuche zu verantworten,[22] im Kanton Zürich werden ihm seit Neujahr (1929) mehrere Einbrüche angelastet. Im Mai

In letzter Stunde eingegangen:

Diebstähle.

10 684. — ☞ In **Chur,** 1.8.1929, vermutlich 22-1 Uhr, durch **Einschleichen** in ein Zimmer des Hotel Stern und **Aufbrechen** eines Pultes: **Fr. 4000** in Noten.

Event. Täter: **Stoffel,** Johann, 10.3.1899, von Vals (Gr.), Hotelangestellter, Sattler, Mechaniker — eher klein, gewandt, Haare dunkel — vermutlich gut gekleidet — vide Photo unter Art. 7744, J. 1929. — Hat in den letzten Monaten im Kt. Graubünden wiederholt grössere Diebstähle verübt. In der Zwischenzeit hat er sich u. a. in St. Gallen, Zürich, Bern, Luzern und zeitweise wohl auch in Oesterreich (Vorarlberg) aufgehalten. — Um intensive Fahndung wird gebeten. (2.8.1929)

Landjägerkdo. des Kt. Graubünden in **Chur.**

Anzeige im *Schweizerischen Polizei-Anzeiger* vom August 1929.

1930 sitzt Stoffel im Bezirksgefängnis Uster.[23] Für Graubünden existiert für das Jahr 1929 eine Aufstellung der Johann Stoffel zur Last gelegten Delikte. Wahrscheinlich dürfte es sich um eines seiner ertragreichsten Jahre handeln. Die Deliktsummen betragen total über 10 000 Franken, im Einzelnen zwischen 17.50 und über 4000 Franken. Geschädigte sind sowohl Private wie Institutionen, etwa Verkaufsläden, Sanatorien, Heime oder Pfarreien. Die in Graubünden heimgesuchten Ortschaften sind vor allem im Raum Chur, dem Lugnez und dem Engadin zu finden. Entwendet hat Stoffel nicht nur Bargeld, sondern häufig auch Naturalien wie Kleider, Esswaren, Velos, Briefmarken.

Die folgende, ausführliche Aufzählung[24] zeigt die Stoffel zur Last gelegten Delikte und gibt einen guten Einblick in seine Arbeitsweise. Zwar stammen die Angaben einseitig vom Kantons-Verhöramt. Da aber in fast allen Fällen ein Geständnis Stoffels vorliegt, können die Angaben im Ganzen wohl als korrekt angenommen werden. «Lange Verhöre liebt er nicht: darum seine raschen Geständnisse», hält der Staatsanwalt fest.[25] Stoffel tendiert bei allen Verhören dahin, fast sämtliche ihm zur Last gelegten Delikte ohne Weiteres zuzugeben und seinen Willen für ein fortan ehrliches Leben zu beschwören.

Tatbestand 1
Im Herbst 1928 hielt sich Stoffel eine Zeitlang in Rhäzüns auf. Er wohnte dort bei Frau Caduff-Cajochen und ass bei Frau Spadin. Er arbeitete eine Zeitlang im Holz-und Baugeschäft Rhäzüns und in der Folge in Rhäzüns und Umgebung als Sattler. Eines Tages begab er sich in das Pfarrhaus. Dort sagte er der Magd Ursula Demarmels, der Pfarrer habe ihn beauftragt, eine Matratze auszubessern, er möchte dieselbe ansehen. Die Magd führte Stoffel ins Haus und zeigte ihm eine auf der Laube auf der hinteren Seite des Hauses befindliche Matratze – Stoffel erklärte darauf, er werde dieselbe holen, er holte dieselbe aber nicht. Stoffel verliess dann Rhäzüns. Dagegen kam er im Januar und Februar 1929 wieder dort vorbei. In der Zeit vom 23. März bis 4. April 1929 wurde im Arbeitszimmer des Pfr. Plaz in Rhäzüns mit einem Instrument eine Schublade des Rollpultes aufgebrochen und daraus ein Geldbetrag von ca. 1100 frs. gestohlen. Wegen dieses Deliktes wird Stoffel angeklagt. Er bestreitet die Täterschaft und behauptet, damals nicht in Rhäzüns gewesen zu sein.

Tatbestand 2
Im Sommer 1928 war Stoffel in St. Moritz. Er war dort angestellt als Portier in der Pension Surlej. Er holte dort jeweils die Milch in der Milchhalle im Haus Ponti in St. Moritz-Bad; bei diesem

Anlass lernte er die dortigen Localitäten kennen. Er kannte auch die Leiterin der Milchhalle, Frau Meuli-Kreis. Anscheinend erzählte ihm dieselbe gelegentlich, sie bewahre die Casse Nachts im Kühlschrank im Ladenlocal auf. Damals verkehrte Stoffel gelegentlich auch im kathol. Pfarrhaus in St. Moritz.

Tatbestand 3
Ende Mai 1929 reiste Stoffel von Zürich nach St. Moritz, um dort zu stehlen. Am 28. oder 29. Mai 1929 Abends ungefähr 8 h begab sich Stoffel hinter das kathol. Pfarrhaus. Er fand dort einen alten Zaun, lehnte denselben an das Haus, stieg zu einem offenen Fenster in dasselbe ein und gelangte in das Studierzimmer des Pfarrers. Er schloss dasselbe hinter sich ab und durchsuchte dann das Zimmer. Er wurde dabei gestört und entsprang durch ein offenes Fenster, ohne etwas gestohlen zu haben. Stoffel ist in diesem Punkte geständig.

Tatbestand 4
An einem der gen. Tage begab sich Stoffel auch zur Pension Surlej. Dort stahl er eine Decke und ein Beil, begab sich in ein Gartenhaus und wartete dort bis in die Nacht. Dann begab er sich zum Haus Ponti in St. Moritz-Bad, stieg dort durch ein offenes Fenster in den Abort bei der Milchhalle ein und gelangte dann durch den Gang und

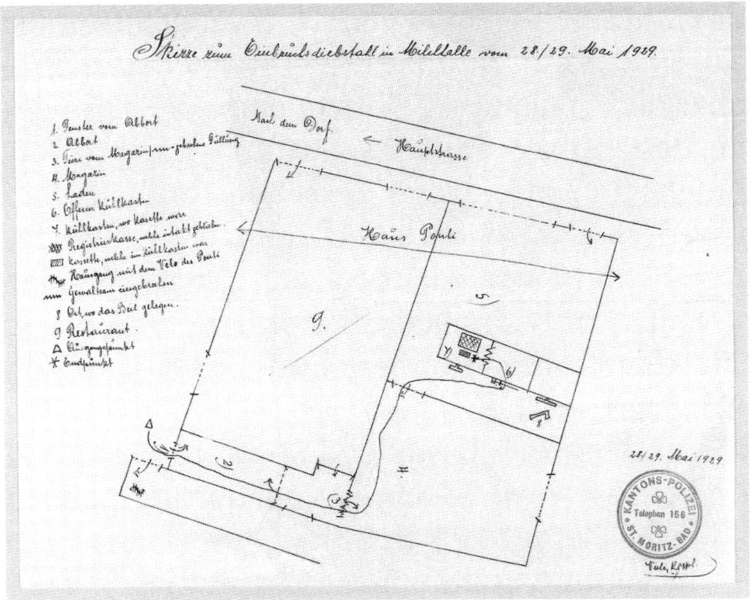

Skizze zu Johann Stoffels Einbruch in die Milchhalle St. Moritz-Bad vom 28./29. Mai 1929. Angefertigt von Korporal Vieli.

das Magazin in den Laden. Dort versuchte er die Türe des Kühlschrankes zu erbrechen, was ihm aber nicht gelang. Er öffnete dann die Türe des an den Kühlschrank angebauten Kastens, erbrach die Lattenwand zwischen fragl. Kasten und dem Kühlschrank und nahm eine in letzterem befindliche Casette an sich. Er tat dieselbe in eine dort befindliche Handtasche und begab sich damit auf eine Wiese hinter dem Hotel du Lac. Dort sprengte er die Casette und nahm den Inhalt derselben bestehend in frs. 1345 in Geld und Noten sowie 2 Lebensversicherungspolicen an sich. Darauf kehrte Stoffel zum Haus Ponti zurück und stahl ein dort befindliches Velo, Eigentum des Remigio Ponti im Werte von frs. 250.–. Mit dem Velo fuhr er nach Spinas, in der Meinung er könne dort mit dem Velo über den Berg fahren. Als er erfuhr, dass dies nicht möglich sei, derelinquierte er dort das Velo; er warf dort auch die erwähnten Policen weg; er fuhr dann mit der Bahn nach Zürich zurück. Stoffel ist auch in diesem Falle geständig.

Tatbestand 5
Im Juni 1929 fuhr Stoffel wieder von Zürich nach Chur, in der Absicht im Hotel Sternen, wo er früher angestellt gewesen war, zu stehlen. Er orientierte sich dort, fand aber, die Gelegenheit sei nicht günstig. Demzufolge begab er sich in das Frauenspital Fontana; dort fragte er einer

Frau Strub nach; auch dort handelte es sich für ihn einzig darum, sich zu orientieren, ob er einen Diebstahl ausführen könnte. Sodann begab er sich in das Kreuzspital. Im dortigen Bureau fragte er wieder einer Frau Strub nach, dies war zum gleichen Zweck wie im Frauenspital Fontana. In der folgenden Nacht, vom 19. auf 20. Juni 1929 begab er sich zum Fenster des Bureaus des Kreuzspitals, stellte dort eine Kiste an die Mauer und auf die Kiste eine Leiter und gelangte so durch ein Fenster in das Bureau. In demselben befand sich ein Geldschrank. Stoffel suchte den Schlüssel desselben; zu diesem Zwecke begab er sich in das an das Bureau anstossende Schlafzimmer. In diesem schlief eine Schwester. Stoffel suchte dort den Schlüssel, fand ihn aber nicht. Er nahm dann ein Kleidungsstück der Schwester und legte es über das Schlüsselloch der Tür zwischen Schlafzimmer und Bureau. Im Bureau öffnete er sodann die Schubladen und stahl daraus: an Geld frs. 484, an Briefmarken frs. 10.– endlich einige Medaillen von geringerem Wert. Total ca. fr. 500.–. Er entfernte sich dann durch das gleiche Fenster. Von dort begab er sich in das Welschdörfli, stahl dort aus einem Unterhaus ein dem Chr. Casanova gehörendes Velo im Werte von frs. 150.– und fuhr mit demselben nach Sargans und von dort mit der Bahn nach Zürich. Stoffel ist auch mit Bezug auf diesen Fall geständig.

Tatbestand 6
Im Juni 1929 begab sich Stoffel von Zürich nach Vals, anscheinend wieder um zu stehlen oder wenigstens auszukundschaften, ob er dort stehlen könnte. Er wurde dort nachts beim Haus des Präs. Schmid gesehen. Er stellte sich dort bei der Armenpflege vor und erhielt eine Unterstützung.

Tatbestand 7
Am 6. Juli 1929 kam Stoffel wieder von Zürich ins Lugnez. In der Nacht vom 6. auf den 7. Juli 1929 wurde dem Arbeiter Antonio Sassi in Peiden aus seiner Schlafkammer ein Geldbetrag von frs. 250.– gestohlen. Damals befanden sich auch Vaganten in dortiger Gegend. Es wurde nachgeforscht, ob dieselben als Täter in Betracht kommen könnten. Diese Nachforschungen ergaben ein negatives Resultat. Als verdächtig erschien Stoffel. Er leugnet die Tat.

Tatbestand 8
Am 7. Juli 1929 kam Stoffel nach Vals zum Hotel Adula. Er wartete Nachts, bis die Lichter im Hotel gelöscht waren. Dann stieg er durch das nur mit der Jalousie verschlossene Fenster in das Haus ein, gelang in das Bureau, öffnete mit einem Stechbeutel das Pult und stahl das darin befindliche Geld, Briefmarken und einen Photographieapparat. Der Damnificat Ph. Schnyder deponierte bestimmt, es seien ihm damals ge-

stohlen worden an Geld und Marken frs. 850–900. Nach längerem Bestreiten des Betrages gibt Stoffel jetzt zu, es könnten ca. 900 frs. gewesen sein.

Tatbestand 9
Damals stahl Stoffel in Vals ferner dem Nic. Joh. Illien einen Glasschneidediamant im Werte von ca. frs. 15.– und ein Militärmesser im Werte von frs. 2.50. Er reiste dann nach Zürich zurück. Stoffel ist auch mit Bezug auf die Diebstähle z. N. des Schnyder und des Illien geständig.

Tatbestand 10
Am 16. Juli 1929 reiste Stoffel wieder von Zürich nach Chur, um hier zu stehlen. Er begab sich Nachts zum Marienheim, gelangte mit Hülfe eines Gartenstuhls zu einem Fenster – drückte eine Scheibe ein und stieg ein. Er gelangte in das Stellenvermittlungsbureau, dursuchte dasselbe, fand aber nichts und entfernte sich. Stoffel gesteht auch diesen Diebstahlsversuch ein.

Tatbestand 11
Er begab sich dann zur Sägerei Schmidt, stahl dort einen Stechbeutel und kam ungefähr um Mitternacht zum Sennhof [dem Gefängnis des Kantons Graubünden]. Dort stieg er an einem Dachkennel zum Bureaufenster hinauf welches anscheinend offen war. Er gelangte in das Bu-

reau, schloss die Türen desselben ab, hob die Pultplatte, zog die Schublade heraus und stahl aus derselben nach Angabe des Verwalters ca. frs. 417.63, nach seiner eigenen Angabe ca. frs. 600 in Geld und Briefmarken, sowie einen Revolver. Am folgenden Morgen fuhr Stoffel nach Zürich zurück. Er ist nach längerem Leugnen auch mit Bezug auf diesen Diebstahl geständig.

Tatbestand 12
Am ersten August 1929 reiste Stoffel wieder nach Chur, um hier zu stehlen. Er begab sich zum Hotel Stern, um festzustellen, ob es dort eine günstige Gelegenheit gebe. Als er zuerst dorthin kam, war Personal beim Hotel; Stoffel zog sich daher zurück. Dagegen kehrte er ungefähr um 11 Uhr Nachts wieder dorthin zurück, ging in den Hof des Hotels, stieg auf das Waschhausdach und gelangte von dort aus in das Hotel und durch das Badezimmer in das Schlafzimmer der Frau Taverna. Er schloss die Schlafzimmertüre innen ab, sprengte mit einem Dolch den Secretär, öffnete eine darin befindliche Geldkassette und stahl daraus Geld, einen Check im Betrage von frs. 100.– und eine Brieftasche.
Was den Geldbetrag angeht, so erklärte Frau Taverna, es seien ihr damals gestohlen worden mindestens frs. 4000.–. Dem gegenüber deponierte Stoffel, er habe dort ca. frs. 4800.– gestohlen.
Nach dem Diebstahl marschierte Stoffel zu-

nächst nach Bonaduz, übernachtete dort und reiste dann am 2. August 1929 nach Ziegelbrücke, wo er seine damalige Geliebte Alice Burkhalter traf. Am 4. August 1929 reiste er mit derselben über Klosters und das Montafun nach Inssbruck und weiter nach Wien. Auf der Reise lebte er verschwenderisch. Er und die Burkhalter kehrten dann nach der Schweiz zurück. Am 30. August 1929 wurden sie in St. Gallen verhaftet und nach Chur in den Sennhof geschafft.

Tatbestand 13
Noch am 1. Sept. 1929 entwich Stoffel aus dem Sennhof. Er begab sich durch das Lürlibad zum Haus Schäpper bei der Kreuzgasse. Dort beobachtete er, wie die Eheleute Schäpper mit einem Kind das Haus verliessen. Er stieg durch ein offenes Fenster in das Haus ein, gelangte in die Stube und stahl aus dem Secretär frs. 200.– in Noten, zwei Sparbüchsen mit Inhalt von ca. 22.– frs; 1 Portemonnaie mit Inhalt 3–4 frs. Aus dem Corridor stahl er ferner 1 Paar Schuhe, einen Rock, einen Hut im Werte von ca. frs. 95.–.
Dann verliess er das Haus und begab sich nach Ems. Von Ems wollte er nach St. Gallen fahren. Dagegen wurde er am gleichen Tage in Landquart im Bahnwagen verhaftet und in den Sennhof zurückgeschafft. Dort verblieb er bis 3. Oct. 1929.

Tatbestand 14
An gen. Tage entwich Stoffel wieder aus dem Sennhof. Er begab sich nach Rhäzüns. In der Nacht schlug er beim Consumladen ein Fenster ein und stahl dann dort: 1 Paar Sonntagsschuhe, 1 Bluse, 1 Rucksack, Conserven, 1 Schere, Wert Total frs. 56.50, und aus der Cassa Geld im Betrage von frs. 29.–.
Von Rhäzüns begab er sich nach St. Moritz.

Tatbestand 15
In der Nacht vom 6. auf 7. October 1929 begab sich Stoffel zur Privatklinik des Dr. O. Bernhard in St. Moritz. Er kletterte an einem Dachkennel zu einem offenen Fenster des 1. Stockes, gelangte zunächst in ein Zimmer und dann in das Bureau. Er durchsuchte dasselbe und stahl dort frs. 1300.–; dabei verursachte er einen Sachschaden von frs. 8.50. Eine Krankenschwester hörte Geräusche, stand auf und schaute nach. Stoffel floh darauf zu einem Fenster hinaus.

Tatbestand 16
In der Zeit vom 6. bis 27. October 1929 wurde auch eingebrochen in die Villa Vedette des Oberst Fonjallanz in St. Moritz. Die gen. Villa befindet sich unweit der Privatklinik des Dr. Bernhard und war zur Zeit des Einbruches unbewohnt. Der Einbruch geschah in der Weise, dass mittels eines Instrumentes eine Nebentüre und

dann ein Kleiderschrank aufgebrochen wurden. Es wurden gestohlen diverse Kleidungsstücke und Herrenwäsche im Werte von ca. 500.– frs. Es wurde Sachschaden angerichtet im Betrage von 60.– frs. Der Diebstahl wurde festgestellt erst Ende October 1929. Als verdächtig erschien damals schon Stoffel. Derselbe bestreitet die Täterschaft.

Tatbestand 17
Am 29. Dez. 1929 abends schlich sich Stoffel in das Sanatorium des Dr. Vöchting in Davos-Platz ein, welches ihm von früher bekannt war. Er gelangte in das Wohnzimmer des Dir. Paulsen, er brach mit einer Feile den Schreibtisch und stahl daraus eine 100 Frs. Note.

Tatbestand 18
Am gleichen Abend schlich er sich in die Klinik des Dr. Werdenberg in Davos, gelangte in das Zimmer der Angestellten Emma Günter und stahl aus deren unverschlossenem Kleiderkasten ein Ledertäschchen im Werte von 10 fr. mit Inhalt 50 frs., ein Taschentuch und Photographien. Stoffel ist auch mit Bezug auf die letztgenannten 2 Diebstähle geständig.

Verhört werden auch mindestens drei Frauen, mit denen Stoffel ein «Verhältnis» gehabt haben soll.

Gemäss Deposition der Clara Schoch, mit welcher Stoffel damals ein Verhältnis hatte, verreiste Stoffel am 28. März 1929 von St. Gallen ab; dabei gab er an, er fahre über Sargans ins Glarnerland. Gemäss Deposition der Marie Gunz, mit welcher Stoffel damals ebenfalls ein Verhältnis hatte, traf ihn dieselbe am Charfreitag 29. März Abends in Zürich. Bei der Urteilsfindung des Gerichts werden nochmals erschwerende und mildernde Umstände aufgeführt. Erschwerend fallen in Betracht der schlechte Leumund des Stoffel, seine Raffiniertheit und Dreistigkeit, die grosse Zahl der Delicte und der grosse Schaden, welchen er verursacht hat. Auf Grund seines Vorlebens und der vielen Vorstrafen dürfte er wohl als unverbesserlich bezeichnet werden. Der Kleine Rat wird ersucht, die Frage der dauernden Versorgung Stoffels zu prüfen.
Mildernd fallen in Betracht seine schlechte Erziehung und bis zu einem gewissen Grade das Geständnis, wobei allerdings erwähnt werden muss, dass im Wesentlichen auch ohne Geständnis genügendes Belastungsmaterial vorgelegen hätte. Es mag auch erwähnt werden, dass er gemäss Zeugnis der Direction der Strafanstalt Regensdorf sich dort bisher gut aufgeführt.[26]

Die Einbrüche Stoffels werden auch in der romanischsprachigen Surselva verfolgt, und zwar durchaus mit einem Augenzwinkern. Die *Gasetta Romontscha* berichtet etwa: «Johann Stoffel ist wieder unterwegs! In Davos hat er ein Sanatorium besucht, wo er vor Jahren Portier war, natürlich nicht, ohne aus der Kasse eine Erinnerung zu nehmen. In Mezzaselva im Prättigau hat er eine Erfrischung zu sich genommen.»[27]

DER STECKBRIEF

Johann Stoffel wechselt während seiner Diebeslaufbahn häufig die Namen. Auch fabriziert er in Handarbeit Visitenkarten, mit denen er wohl potenzielle Opfer beeindrucken will. Ein Hans Sprecher aus Basel ist Kaufmann, ein H. Sprecher ebenso, aber mit der pikanten Berufsbezeichnung «Detektiv», ein H. Salis aus Chur ist «Gimnasjast».[28] Dass Stoffel bereits früh von der Kriminaljustiz erfasst und ihr auch bekannt ist, zeigt eine anthropometrische Karte aus dem Archiv der Kantonspolizei Graubünden von 1920. Diese Karten sollten nach dem Prinzip der sogenannten Bertillonage ursprünglich vor allem rückfällige Straftäterinnen und Straftäter identifizieren. «Im Zentrum der Bertillonage, die bald schon international diskutiert und angewandt wurde und ab den 1890er Jahren zunehmend auch in der Schweiz Verwendung fand, stand der menschliche Körper», schreibt Nicole Schwager. «Ausgehend von der Annahme, dass das menschliche Skelett ab dem 20. Lebensjahr mehr oder weniger unveränderlich bleibe und individuell deutlich variiere, war zuerst eine exakte Vermessung bestimmter Körperteile – so des Kopfs, der Arme und der Beine – vorgesehen. Auf einer Karteikarte wurden ausserdem detailliert die ‹besonderen Merkmale› der erfassten Person aufgeführt und das *portrait parlé*, eine akribische Beschreibung des Gesichts nach dem Vorbild der traditio-

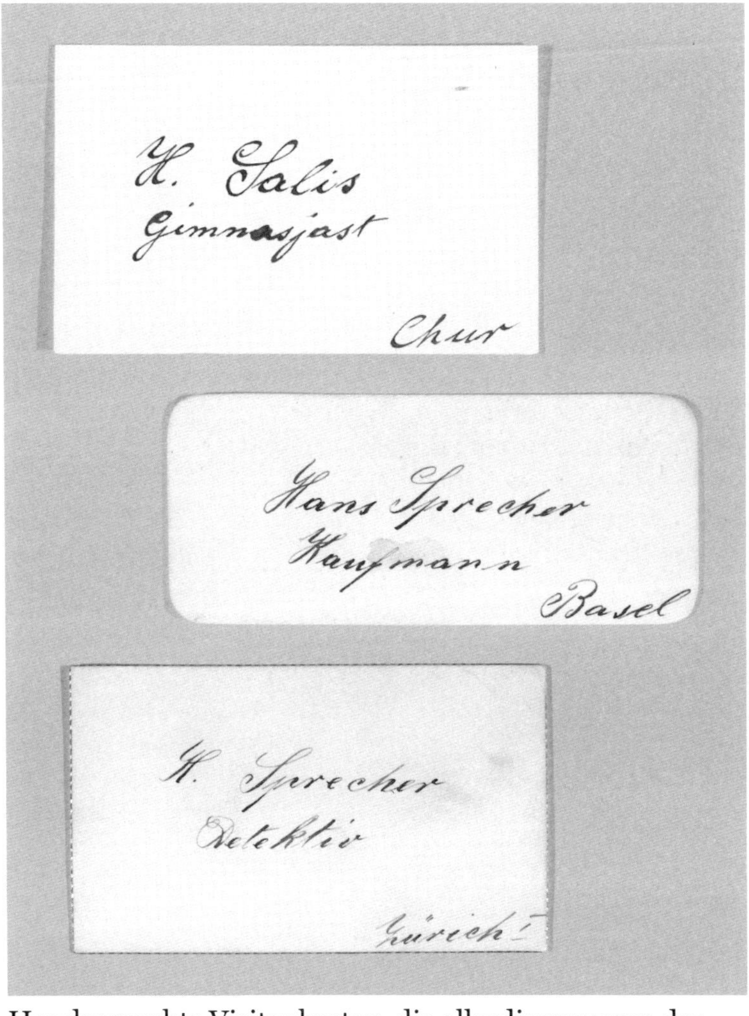

Handgemachte Visitenkarten, die allerdings wegen der Schreibfehler kaum Eindruck machen dürften, um 1923.

Polizeifotos vom 11. Februar 1930: seitlich, von vorne, mit Hut. Drei Tage vorher, am 8. Februar, wurde Johann Stoffel am Zürcher Hauptbahnhof verhaftet.

nellen Personenbeschreibung, vermerkt. Die schriftliche Erfassung wurde ergänzt durch zwei standardisierte fotografische Abbildungen – die eine in Frontal-, die andere in Seitenansicht. Fingerabdrücke fanden auf den Karten, welche die Polizeibeamten gemäss den Messresultaten und nicht mehr alphabetisch nach den Namen im Register ablegten, spätestens ab 1894 Aufnahme.»[29]

Die Churer Karteikarte ist etwas anders aufgebaut als etwa diejenige aus dem anthropometrischen Register der Kantonspolizei Bern von 1914. Eine Fotografie scheint grundsätzlich auch vorgesehen zu sein, fehlt aber für Stoffel. Die «Bündner» Karte enthält andererseits deutlich mehr Angaben: Johann Stoffel ist demgemäss 157 Zentimeter gross, auch für damals also eher klein. Es folgen sehr detaillierte Werte, etwa zum Kopf, zum linken Fuss, zur Farbe der Iris, zur Stirne, zur Nase, zum rechten Ohr. Letzteres ist anliegend und rund. Ein charakteristisches Merkmal von Stoffel sind seine O-Beine. Stoffels scheinbares Alter schätzt der Protokollant auf nicht mehr als 18 Jahre. Die Aufnahme der Daten hat ein «R. Nauer – Chur» besorgt, möglicherweise ein Kantonspolizist.[30]

Ein ähnliches Signalement findet sich im *Schweizerischen Polizei-Anzeiger* vom Februar 1923, in dem Stoffel eines Diebstahls in Davos bezichtigt wird:

Dringend verdächtigt: Stoffel, Johann. 10. März 1899, von Vals, Portier – klein, schlank, Haare braun, kleine Narbe an der linken Schläfe, neuer Anzug, neuer, heller Hut – ist am 30. Jan. 1923 aus der Korrektionsanstalt in Realta entwichen. – Er wird ins Ausland, speziell nach Österreich zu kommen trachten.[31]

Es ist möglich, dass Stoffel ins Ausland flüchtet, weil er im Laufe der Jahre in der Schweiz immer bekannter wird und das Risiko steigt, dass er erkannt wird. Ist er für einmal straffrei und – wenigstens nach seiner Aussage – durchaus willens, eine Arbeit anzunehmen, kommt der Mechanismus zum Zuge, wie ihn auch Hans Fallada in seinem Buch «Wer einmal aus dem Blechnapf frisst…» beschreibt. In Stoffels Variante tönt dies so:

Nach der Verbüssung fragte mich jeder den ich um Arbeit anging wo sind sie in der zwischenzeit gewesen sagte ich die Wahrheit wurde ich nicht eingestellt u. schwieg ich, so wurde ich von andern verraten [...] ich wurde unbarmherzig entlassen und meistens wurde ich von den Hern Beamten der öffentlichen Ordnung verraten und so bin ich ein über das andere mal gefallen ja noch ins vorletztes Jahr fand ich keine Stellung da ging ich hausieren [...] aber niemand half mir eine Stelle suchen niemand stand mir zur Seite alles war auf dem [...] mich zu verdammen aber helfen wollte niemand.[...] ich versuchte mich durchzuschlagen mit hausieren da ging es mir wie oben erwähnt ich beging nun eine Dummheit nach der anderen.[32]

Oder in den Worten, die Stoffel an den Kantonsgerichtspräsidenten richtet: «Herr Präsident, wenn man einem immer wieder den Zuchthäusler und Realtasträfling vorhält, so würde auch ein anderer als der Stoffel schliesslich genug bekommen.»[33]

Natürlich fehlen die Stimmen nicht, die weniger Verständnis zeigen, etwa der Amtskläger im Prozess von 1931: «Die Theorie war grau, seine schöne grüne Weide war die Verbrecherlaufbahn [...] Stoffel ist frech, kühn und hat unverschämtes Glück. Er reist herum und wird nicht erkannt. Er ist gemeingefährlich, bestiehlt jedermann, auch Arme und Wohltäter, dabei stiehlt er nicht aus Not, die Sucht nach Vergnügen und Weibern treibt ihn dazu.»[34]

Stoffel spielt verschiedenste Rollen, um unerkannt zu bleiben. So gibt er sich etwa in Chur als Student aus und trägt «eine entsprechende Mütze»[35] oder macht in Innsbruck Eindruck als «Pilot Steiner aus Zürich».[36] Ob seine Auftritte als eleganter Herr mehr Teil seiner beruflichen Maskerade sind oder ganz einfach seiner Freude an schönen Kleidern entspringen, muss dahingestellt bleiben.

Eine Paraderolle Stoffels in der öffentlichen Wahrnehmung ist diejenige des Ausbrechers, das nächste Kapitel beleuchtet sie.

Der Ausbrecher

Die populärste und bekannteste Rolle, die Johann Stoffel interpretiert, ist wohl diejenige des kleinen, flinken Kleinkriminellen, der die Staatsmacht immer wieder zum Narren hält. Kaum haben die Landjäger ihn im August 1929 dingfest gemacht, entwischt er schon wieder – gerade einmal zwei Tage später. Dies tut er unter Einsatz all seiner turnerischen Fähigkeiten und nicht ohne Blessuren. Zugute kommt ihm der anerkannt miserable Sicherheitsstandard des kantonalen Gefängnisses Sennhof in Chur – miserabel sowohl in baulicher als auch personeller Hinsicht.

Das Bündner Justiz- und Polizeidepartement ist überaus irritiert und verfügt neue Vorsichtsmassnahmen – ohne Erfolg, wie die Presse nach einer weiteren Flucht Stoffels recht maliziös notiert. Besonders spektakulär soll es in Zürich anlässlich einer Überführung zu- und hergegangen sein: Stoffel blendet den Polizisten mit einer Handvoll Sand und flüchtet in ein grosses Warenhaus, wo er nach einer wilden Jagd schliesslich doch verhaftet wird. Die Tatsache, dass es einmal Sand ist, der blendet, laut anderen Quellen auch Dreck, Seifenpulver oder gar Pfeffer, weist auf eine eher wandelbare Geschichte hin, die aber weitherum kolportiert wird, auch in der italienischbündnerischen und romanischen Presse. Presseerzeugnisse sind denn auch wichtige Quellen für dieses Kapitel.

DER «SENNHOF»

Bevor Stoffels Fluchten aus der Gefangenschaft beleuchtet werden, soll ein Blick auf dasjenige Gefängnis, das mit der Geschichte Johann Stoffels besonders eng verwoben ist, geworfen werden: auf den Churer «Sennhof» also. «Gefängnisse sind Gebäude, die im Rechtsstaat dem Vollzug von Freiheitsstrafen dienen. [...] Die meisten kantonalen Gefängnisse wurden zwischen 1820 und 1870 am Rand der Hauptstädte errichtet. Die hohen Umfassungsmauern und

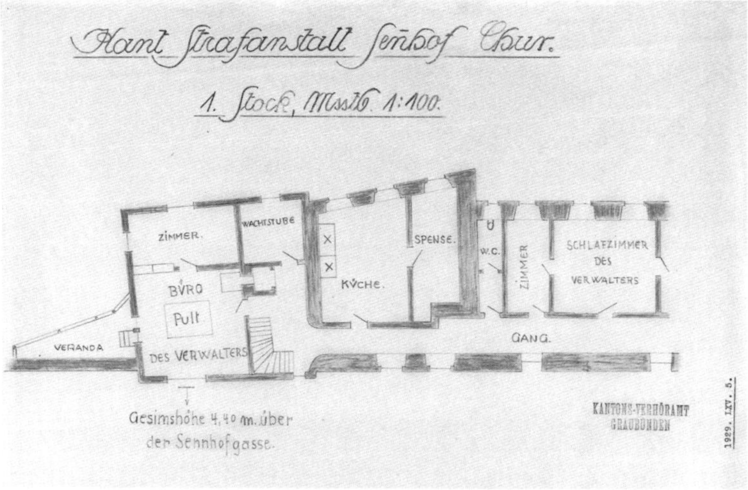

Grundriss der kantonalen Strafanstalt Sennhof in Chur, 1. Stock, 1929.

Der Churer «Sennhof» 2017. Der mittelalterliche Turm rechts ist Teil des Gefängnisses.

die spärlichen, hoch liegenden, oft querrechteckigen Gitterfenster in den Zellentrakten charakterisierten die Zweckbestimmung», schreibt Lukas Gschwend.[37] Nicht so in Graubünden: Das erste kantonale Zucht- und Arbeitshaus entsteht 1817 aus einem bestehenden Bau in der Churer Stadtmauer.[38] Der junge Kanton kann eine private Liegenschaft kaufen, den sogenannten Sennhof. In den folgenden Jahrzehnten finden zahlreiche Verbesserungen statt, sie bleiben aber immer unbefriedigendes Flickwerk. 1830 wird das sogenannte gelbe Blockhaus erstellt, das schon 1842 massiv kritisiert, aber doch bis 1949 benutzt wird. 1866 folgt das Inquisitenhaus für Untersuchungshäftlinge an der Sennhofstrasse. 1883 kann der Kanton das Haus Kratz erwerben und in den «Sennhof» integrieren. Weitere wichtige Um- und Ausbauten sowie Erweiterungen stammen von 1934, wenige Jahre nach den blamablen Ausbrüchen von Johann Stoffel, die möglicherweise Anstoss sind zu den baulichen Verbesserungen. Bis 1932 besitzen die Zellen kein elektrisches Licht.[39] Der «Sennhof» ist weder zu Beginn noch in späteren Zeiten ein Paradebeispiel moderner Gefängnisarchitektur, insbesondere im Vergleich zu einigen anderen schweizerischen Haftanstalten.[40]

Bereits 1895 fällen zwei eidgenössische Experten ein vernichtendes Urteil über den «Sennhof»: «Der ganze Bau ist alt, den heutigen Anforderungen nicht mehr entsprechend, auch fehlt es an einer strammen Beaufsichtigung der Gefangenen. Von den Zellen könnte allerdings ein Teil, bezüglich ihrer Grösse, als Arbeitszellen benützt werden, aber in diesem Fall bieten sie zu wenig Sicherheit gegen Ausbruch, auch sind die Fenster durchgehend zu klein und zu tief angebracht.»[41] Das Jahr 1927 ist für den «Sennhof» ein einschneidendes Datum: «Reglement» und «Hausordnung» formulieren neu und auch deutlich liberaler die Regeln, die im kantonalen Gefängnis gelten – nicht zuletzt auch für Johann Stoffel bei seinen kürzeren oder längeren Aufenthalten in den 1920er- und frühen 1930er-Jahren:

«Das Schweigegebot findet sich in der Hausordnung 1927 immer noch in § 43. Aber die Disziplinarstrafen haben sich geändert. Erlaubt sind nur noch ein Verweis, der Entzug von Lektüre, das Verbot von Besuchen und des Schreibens und Erhaltens von Briefen, der Entzug von Kaffee, Zusatznahrungsmitteln und Tabak, Schmälerung der Nahrung, Entzug des Verdienstanteils, einfacher Arrest bis auf zehn Tage und scharfer Arrest bis auf fünf Tage, wobei beim Arrest immer auch Kostschmälerung die Folge war. Der einfache Arrest bestand in der Einsperrung in einer gewöhnlichen Zelle, der scharfe Arrest hatte die Versetzung in eine Dunkelzelle ohne Bett, nur mit einer Wolldecke, zur Folge.»[42]
Ebenfalls sehr detailliert der neue Speiseplan:

Jeder Insasse erhält:
1. Morgens eine Portion Milchkaffee oder Schokolade
2. Mittags wöchentlich dreimal eine Portion Suppe, einmal ein Paar Würste mit Gemüse und zweimal 150 Gramm Fleisch ebenfalls mit Gemüse und einmal eine Portion Polenta und 100 Gramm Käse
Abends eine Portion Suppe
Insassen, welche arbeiten, erhalten ausserdem nachmittags eine Portion Kaffee oder Tee mit Brot.
Die tägliche Brotration beträgt 750 Gramm. Auf besonderes Verlangen kann Insassen, welche streng arbeiten, eine Zulage von Brot gegeben werden.[43]

Das Angebot erscheint Johann Stoffel wohl zu wenig verlockend, um ihn dauerhaft hinter Gittern zu halten …

In den grundsätzlich ähnlich gearteten Jahresberichten von 1929 bis 1931 sucht man übrigens vergeblich nach einer Passage zu den so peinlichen Ausbrüchen des Johann Stoffel. Im Jahresbericht von 1930 wird das Verhalten der Gefangenen als im Allgemeinen gut bezeichnet. Auch in Chur ist unterdessen die Ansicht gereift, dass «humane Behandlung» bei der Handhabung der Hausordnung mehr Gewähr bietet als herzlose Strenge. Man ist sich bewusst, dass die Bedeutung der Entlassenenfürsorge gar nicht überschätzt werden kann. In eine ganz andere Richtung weist aber dann die Tatsache, dass 1930 immer noch fünf Personen mit Dunkelarrest bestraft werden.[44]

Der durchschnittliche, tägliche «Insassenbestand» im «Sennhof» beträgt 1934 26, ein Jahr vorher 21. Unterschieden wird zwischen «Sträflingen, Inquisiten und Vaganten». Gemäss dem Berichterstatter hat etwa 1934 das Verhalten der Gefangenen «nicht ganz befriedigt. Die Disziplin litt während des Umbaus. Einige Insassen waren beim Neubau beschäftigt und kamen somit fortwährend mit der Aussenwelt in Berührung. Obwohl man die Arbeiter wiederholt aufmerksam machte, den Insassen ja nichts abzugeben und mit ihnen nicht zu sprechen, gab es immer wieder solche, die sich ein Vergnügen daraus machten, den Internierten etwas zuzuschmuggeln. Bei Durchsuchungen kamen Cigaretten, Zündhölzchen, Esswaren etc. zum Vorschein.»[45]

Im gleichen Jahresbericht 1934 wird festgehalten, dass die Kriminalität im Kanton nicht stark zugenommen habe. Häufiger als früher seien Diebstähle und andere Straftaten fremder, reisender Verbrecher. Es könne darum behauptet werden, dass Verbrechen und Vergehen Einheimischer abgenommen hätten. Nicht überraschend die Altersstruktur der Häftlinge, die das Jahr 1934 ganz oder teilweise im «Sennhof» verbringen müssen: 4 Personen zwischen 16 und 20 Jahren, 52 zwischen 20 und 30 Jahren, 26 zwischen

30 und 40 Jahren, 14 zwischen 40 und 50 Jahren, 4 zwischen 50 und 60 Jahren, 2 zwischen 60 und 70 Jahren.

DER VOGEL FLIEGT AUS

Stoffels Ausbrüche, «Entweichungen» im einschlägigen Sprachgebrauch, sind wohl die spektakulärsten Bravourstücke, die das Publikum zur Kenntnis nehmen kann. So wird Johann Stoffel am 30. August 1929 in St. Gallen verhaftet und einen Tag später, also am 31. August, in den Churer «Sennhof» «eingeliefert». Nur einen Tag darauf, am 1. September, sucht er bereits das Weite, wird aber am gleichen Tag in Landquart wieder gestellt. Es folgt die Wiedereinlieferung in den «Sennhof». Der neue Aufenthalt im Gefängnis dauert länger, nämlich bis zur erneuten Entweichung am 4. Oktober.

Schon eine Woche später fragt die *Neue Bündner Zeitung* in launigem Ton:

Wo ist Stoffel? Das Rätselraten geht weiter. Es surren die unmöglichsten Vermutungen, wie die Bremen. Seit St. Moritz, wo er sich noch elegant ausstaffierte und 1300 gute Schweizer Franken mit sich nahm, ist er spurlos verschwunden, als sei er in den Boden versunken. – Über die italienische Grenze, die bekanntlich militärisch scharf bewacht wird, ist der Schläuling wohl kaum gegangen, eher lockte ihn – falls er Räzien überhaupt verlassen hat! – das heilige Land Tirol, dessen sprichwörtliche Gemütlichkeit ganz zu seinem liebebedürftigen Herzen passt. – Stoffel war schon einmal in Österreich, und es habe ihm sehr gut gefallen am stürmenden Inn und an der blauen Donau. – Vielleicht aber hält sich Stoffel noch immer irgendwo im Bündnerland versteckt, und man wird – vorsicht ist ja die Mutter der Weisheit! – gut tun, die Haustüren zu verriegeln, und alle Vorsichtsmassnahmen zu treffen, um vor unangenehmen Überraschungen sicher zu sein.[46]

Diesmal zieht sich Stoffels Freiheit länger hin, bis zum 8. Februar 1930 nämlich, als er in Zürich festgenommen wird. In diesen gut vier Monaten soll er «viele ertragreiche Streifzüge mit zahlreichen Einbrüchen und Diebstählen in Graubünden, Glarus und Zürich» unternommen haben.[47] Dass Stoffel ausserordentlich flink und agil ist, bezeugen etwa entsprechende Passagen in der Tagespresse, die «von grosser turnerischer Gewandtheit» spricht oder meint: «Stoffel ist klein, aber fest gebaut. Gang und Statur verraten einen gewandten, elastischen, gut trainierten Körper.»[48]

Seinen ersten Churer Ausbruch schildert Johann Stoffel dem Verhörrichter so:

Als mich Wachtmeister Walch am Samstag 31. August a.c. [1929] im Sennhof einlieferte hatte er fallen lassen, dass ich nunmehr auf Lebenszeit eingesperrt werde. das gab mir zu denken und ich habe eine schlaflose Nacht durchgemacht, während welcher ich den Entschluss fasste, bei nächster Gelegenheit zu entweichen. Am Sonntag-Morgen, um 7 Uhr herum wurde ich von Aufseher Caplazi zur Leerung der Geschirre aus der Zelle gelassen. (I. Stock) Ich trat mit dem Wasserkrug in der Hand auf den Gang, während Caplazi sich an einer andren Türe zu schaffen machte, lief ich so wie ich war, ohne Schuhe, ohne Rock und ohne Hut die Treppe hinunter und erreichte den Hof. Von dort bestieg ich das Holzgattertor und gelangte auf das Dach über dem Holzlagerplatz. Von diesem Dach sprang ich auf das Dach des grossen Holzschopfes über und sprang dann von dort 8 Meter tief in den jecklinschen Baumgarten. Dabei habe ich mir beide Füsse verstaucht. Es wäre mir auch im Moment gleich gewesen, wenn ich tot geblieben wäre. Ich lief nun direkt zur Halde hinauf und durch den Waldweg ins Lürlibad. Vom Lürlibad ging ich die Weinberge hinunter bis unter das Kreuzspital, wo ich mich niederlegte.[49]

Die zweite Flucht aus dem «Sennhof» erfordert keine besonderen turnerischen Talente, stösst hingegen auf den umso stärkeren Unwillen der Justizorgane, denen der Spott sicher ist – etwa an der Fasnacht 1930:

Antrag des Justiz- und Polizeidepartements, pressant, vom Kleinen Rat am 8. Oct. 1929 zum Beschluss erhoben

Nachdem Stoffel Johann erstmals aus dem Sennhof entweichen konnte und wieder eingebracht wurde, erhielten der Sennhofverwalter vom Chef des Justizdepartementes und das Aufsichtspersonal vom Verwalter strikte Weisung die schärfste Aufsicht auszuüben, um eine zweite Flucht zu verhindern. Der Anstaltsverwalter hat in der Folge diese Mahnung mehrmals wiederholt und ausdrücklich betont, dass der Stoffel keinen Moment unbewacht zu lassen sei.
Als am 4. ds. abends 6 Uhr der Inquisit Stoffel zum zweiten Mal und zwar unter Umständen aus der Strafanstalt entweichen konnte, die nur durch grobe Pflichtvergessenheit und Fahrlässigkeit zu entschuldigen sind, erachtete der Chef des Justizdepartementes im Benehmen mit dem kant. Polizeikommando als angezeigt, der Öffentlichkeit kurz mitzuteilen, wie die Flucht gelingen konnte. Mit Schreiben vom 7. Oktober teilt der Verwalter der Strafanstalt dem Justiz- und Polizeidepartement unter anderm über den Vorfall folgendes mit:
«Am 4. Okt. abends 6 Uhr konnte der Inquisit Joh. Stoffel aus der Strafanstalt Sennhof entweichen. Der Ausbruch konnte leider hauptsächlich durch eine Nachlässigkeit, oder besser

gesagt, durch die Dienstunfähigkeit des Aufsehers Schuhmacher stattfinden. Stoffel befand sich in Einzelhaft. Nur um das Geschirr zu leeren und Wasser zu holen, konnte er die Zelle verlassen. Ich gab Befehl währenddessen Stoffel keinen Augenblick ohne strenge Bewachung zu lassen. Trotzdem liess ihn Aufseher Schuhmacher einen Augenblick im Abort allein, um unterdessen angeblich das Gitter in der Zelle zu untersuchen, obschon dies nicht seine Pflicht gewesen wäre, da die Zelle täglich lt. meiner Anordnung vom Oberaufseher mit einem anderen untersucht wurde. Diese Gelegenheit benutzte Stoffel, sprang die Treppe hinunter in den Hof, stieg durch unser Schlafzimmerfenster hinein, um barfuss ungehört, durch den Korridor die Haustüre zu erreichen. Die Hauptschuld trifft den Aufseher Schuhmacher, denn dieser wusste, dass Stoffel jede Gelegenheit nutzen würde, um zu entfliehen und wusste auch, dass die Durchsuchung der Zelle täglich durch zwei Personen besonders erfolgte.»

Der Verwalter betont, man werde in Zukunft wohl Stoffel in Ketten legen müssen, obwohl diese Massnahme nicht mehr üblich sei.[50]

Gegen den fehlbaren Aufseher wird eine Untersuchung eingeleitet, er wird fristlos entlassen. In der Bevölkerung erregt Stoffels zweiter Ausbruch innert kurzer Zeit grosses Aufsehen, einige Unruhe und Kritik, aber auch da und dort etwas Belustigung darüber, wie er die Behörden narrt. Offenbar ist sich auch die Kantonsregierung bewusst, dass ein Entkommen aus dem «Sennhof» recht einfach ist, zumal wenn der diensthabende Aufseher pflichtwidrig handelt. Der zuständige Kleine Rat (der heutige Regierungsrat) beschreibt – erstaunlich sarkastisch – den pflichtvergessenen Aufseher so: «Wenn ein Polizist einen gefährlichen Angeklagten von der Strafanstalt zum Kantonsgericht begleitet, wird er diesen Mitte Weges nicht auf der Strasse warten lassen, bis er in einem Laden mit Tabak sich versehen hat. Es könnte sonst passieren, dass der Angeklagte nicht mehr da wäre, wenn er aus dem Laden kommt.»[51]

Die sozialdemokratische *Bündner Volkswacht* spricht spöttisch vom «Idyll in der Strafanstalt Sennhof», von einer gewissen Komik der Ereignisse und billigt Stoffel immerhin zu, dass er sein Handwerk verstehe.[52] Einig ist man sich darüber, dass die räumlichen Verhältnisse im «Sennhof» für ein Gefängnis ungenügend sind und zur Flucht geradezu einladen. Diese ermöglichten Stoffel bereits im Juli einen nächtlichen Einbruch samt schöner Beute. Möglich war dieser spektakuläre Coup dank «guter Ortskenntnis und der nötigen Courage».[53]

Ein Zürcher Kantonspolizist hält in einem Protokoll zu einer der Verhaftungen fest: «Stoffel äusserte sich zu mir, dass im Falle er nach Chur komme, keine 8 Tage dort eingesperrt bleibe, sondern, dass er dort mit Leichtigkeit wieder ausbrechen werde.»[54] Der Churer Zuchthausverwalter, Rico Tuena, amtet von 1929 bis 1948, also auch während der spektakulärsten Ausbrüche von Stoffel. Der ehemalige Lehrer aus Brusio muss laut Reglement von 1927 im «Sennhof» wohnen. Seine Frau arbeitet dort als Haushälterin. Tuena bringt vor, nur schon des Aufsehers «unmittelbare Anwesenheit hätte entschieden genügt, um den eher schwächlichen und nicht gewalttätigen Stoffel an der Flucht zu verhindern». Nicht verwunderlich, dass Gerüchte aufkommen, die Entweichung sei von innen oder aussen begünstigt worden. Es erweise sich sowieso als gar nicht so schwer, aus der «alten, gemütlichen Bude» herauszukommen.[55]

DIE LANDJÄGER

Johann Stoffels Antipode in dieser Zeit ist die Polizei. Der Justizvollzug und das Polizeiwesen sind in der Schweiz bekanntlich Sache der Kantone. Seit 1804 existiert das Bündner Landjägercorps, der Vorläufer der Kantonspolizei. Die meisten Landjäger sind über den ganzen Kanton verteilt auf ihren Stationen platziert, von wo aus sie regelmässig ihre Touren zu unternehmen haben. Beträgt der Totalbestand ganz am Anfang noch bescheidene acht Mann, so ist er bis 1930 auf deren 71 angestiegen. 52 Landjäger sitzen 1934 auf den Posten verstreut im Kanton, zwei davon arbeiten für das Kantonsgericht und das Verhöramt, deren sechs sind in Chur im Fahndungsdienst, bei der Autopolizei und im Bürodienst tätig, andere vier für Weibeldienste, Arrestantentransporte und besondere Vorkommnisse.[56] Zu den Aufgaben der Landjäger gehört während vieler Jahrzehnte auch die Beaufsichtigung der Häftlinge im «Sennhof». Die zwei Fluchten von Stoffel sind aber schon den Aufsehern anzulasten und nicht den Landjägern. Trotzdem werden wohl auch diese unter dem Spott der Bevölkerung zu leiden gehabt haben.

Stoffel ist seit der zweiten Flucht vom 4. Oktober 1929 schon mehr als vier Monate auf freiem Fuss, kann der Polizei immer wieder entwischen und begeht vor allem im Kanton Zürich zahlreiche Diebstähle.[57] Dass er am 8. Februar 1930 im Zürcher Hauptbahnhof zwei Bündner Landjägern über den Weg läuft und verhaftet wird, ist reiner Zufall.

Die *Gasetta Romontscha* beschreibt die Begegnung so:

Hans Stoffel wieder erwischt!
Zwei Bündner Polizisten, Wachtmeister Walch von Chur und Wachtmeister Putscher von Landquart, sind am Samstag auf der Suche nach ihm nach Zürich gegangen. Sie sind offenbar auch im Vorarlberg gewesen, in St. Gallen, auch schon in Zürich, um Spuren des begehrten Flüchtlings zu finden. Sie waren dieses Mal auf dem Weg nach Basel. In Zürich hat der Zug eine Stunde Aufenthalt. Zeit genug, um einen Spaziergang und vielleicht auch einen Fang zu machen. Walch und Putscher sind kaum aus der Station, als sie zufällig für einen Moment den Stoffel in Begleitung seiner «Braut» sehen. Auch zwei andere Personen sind mit dem berühmten Paar. Stoffel ist gut angezogen, trägt Mantel und Gamaschen, ist schön und elegant wie eine glänzende Münze. Ausser einem guten «Freund» hätte ein anderer Mühe, unter dieser Maske und Frisur den Stoffel zu erkennen. Die zwei Detektive folgen dem Genossen. Stoffel hat Lunte gerochen. Er läuft immer schneller.[58]

Über Johann Stoffels Verhaftung im Zürcher Bahnhof wird mindestens in allen ostschweizerischen und liechtensteinischen Zeitungen berichtet. Dies deutet darauf hin, dass Stoffel ein überkantonales Thema ist, das den geneigten Zeitungsleser interessiert.

Mehr als ein halbes Jahr später, am 2. September 1930, muss Stoffel vor dem Zürcher Obergericht erscheinen.

Als er von einem Polizisten in Zivil zur Polizeikaserne zurückgeführt wurde, unternahm er in der Füsslistrasse einen Fluchtversuch. Er war gefesselt, da die Untersuchungsbehörden, die den gefährlichen Burschen kannten, auf den Transportschein stets den Vermerk «Vorsicht! Ausreisser!» anbrachten. Stoffel warf dem ihn begleitenden Polizisten Seifenpulver in die Augen, flüchtete in das Geschäft des Lebensmittelvereins im Annahof und versteckte sich unter einem Ladenkorpus, wo er nach einer wilden Jagd wieder gestellt und dann von zwei uniformierten Polizisten im Auto abgeführt wurde. Wahrscheinlich hat er sich das Seifenpulver dadurch verschafft, dass er die ihm überlassene Seife trocknen liess und dann zerrieb. Das würde darauf hinweisen, dass er den Fluchtversuch seit einiger Zeit plante. Der Vorfall, der zahlreiche Neugierige anlockte, zeigt aufs Neue, wie raffiniert der Verbrecher Stoffel vorzugehen weiss.[59]

Aussenansicht des Zürcher St. Annahof, wo Johann Stoffel am 2. September 1930 vergeblich versucht, der Polizei zu entwischen.

Stoffel versteckt sich bei seinem Fluchtversuch unter den Korpussen in der Lebensmittelhalle im St. Annahof.

Auch das sozialdemokratisch-gewerkschaftliche *Volksrecht* befasst sich unter dem Titel «Stoffels Freiheitsdrang und der Polizeier als Prügelheld» mit der Sache. Es geht der Zeitung dabei vor allem um die Bedingungen der Festnahme, die als überaus grob und herabwürdigend beschrieben wird. In einem erhitzten Schriftwechsel zwischen dem *Volksrecht* und den Strafbehörden geht es darum, ob und wie weit ein Polizist handgreiflich werden darf. Es treten unterschiedliche Meinungen, auch etwa zwischen den kantonalen und den städtischen Institutionen, zutage.

Als ich um 4¾ in die Lebensmittelhalle des LVZ trat, wurde ich Zeuge folgendes Vorfalles: Im Momente, wo ich von der Füsslistrasse her ins Lokal trat, sah ich, wie verschiedene Personen gegen die Tuchhalle hineilten, wovon einige immer riefen: «Haltet ihn, haltet ihn». Als ich in die Tuchhalle kam, waren dort wohl gegen 20 Personen, welche zwei Männer umstanden. Der eine von ihnen war an beiden Händen gefesselt und erhielt von Zeit zu Zeit vom andern unter Fluchen und Wettern zünftige Ohrfeigen.
Nachdem sich der Wütende etwas erholt, erklärte er, dass er mit diesem Kerl hier auf dem Transport vom Obergericht zur Kaserne sei. Auf einmal habe dieser ihm eine Handvoll Pfeffer ins Gesicht geschleudert und sei entflohen. Er hart hinter ihm drein, worauf sich der Ausreisser vom Hof des Blockes St. Annahof in die Verkaufsräume des LVZ geflüchtet habe. Der Polizist (in Zivil) ging nun weg, um sich die Augen vom Pfeffer zu reinigen. Während dieser Zeit hielten zwei Passanten den Kerl an den Fesseln fest. Der Flüchtling bat diese nun, ihm die Ketten nicht so fest anzuziehen. (Der Polizist hatte den beiden Anweisung gegeben, diese so fest wie möglich zusammenzudrehen.)
In diesem Momente kam der Polizist wieder zurück, hörte noch die letzten Worte, um sofort in folgender Weise wieder um den Häftling herzufahren: «numme nüd hüchle, du Glünggi, wart

nu, du muescht jetz wüsse, wem i de Fingere bisch. Lueged numme, was das für ein Glünggi isch. de chaibe Stoffeli de!» Indem er diese Worte sagte und uns dann noch erklärte, dass dies der bekannte Ein- und Ausbrecher sei, hieb er demselben wieder einige Ohrfeigen herunter. Unterdessen kamen zwei Polizisten in Uniform, welche den Stoffel in einem Auto abführten.[60]

Landjägercorps Graubünden, 1916.

In Stoffels Heimatkanton ist das Interesse an seinen Taten besonders gross. Regelmässig berichten neben den drei Churer Tageszeitungen auch etwa die romanische *Gasetta Romontscha* oder der italienischsprachige *Il Grigione Italiano*. Gerne wird über den Beitrag an der Gefangennahme Stoffels in Zürich durch zwei Bündner Landjäger, Wachtmeister J. Walch aus Chur und Wachtmeister M. Putscher aus Landquart, rapportiert. Die beiden Männer erscheinen übrigens bereits auf der Sammelfotografie, einem Tableau von 1924 mit dem Titel «Polizeicorps des Kantons Graubünden». Die Artikel über die Gefangennahme Stoffels im Zürcher St. Annahof von Anfang September 1930 unterscheiden sich nur in Details, etwa ob die Blendung des Polizisten mittels Sand, Seife oder Pfeffer erfolgte. Für manche Meldungen wird offenbar das Angebot der Schweizerischen Depeschenagentur, die seit 1894 die Ticker fast aller schweizerischen Blätter beliefert, genutzt. Auffallend ist, wie die rätoromanischen und italienischen Versionen deutlich blumiger daherkommen.

Der Schelm

Johann Stoffel ist aus juristischer Optik unzweifelhaft ein Kleinkrimineller, ein Betrüger, ein Spitzbube. Andererseits sorgt er mit seinen Taten – willentlich oder unwillentlich – für die Unterhaltung der Bevölkerung. Er verübt Schelmenstreiche und schreibt gewissermassen an seinem persönlichen Schelmenroman. Höhepunkt ist die belachte und bewunderte Unverschämtheit Stoffels, in der Nacht vom 16. auf den 17. Juli 1929 in den «Sennhof» einzubrechen und mit der Beute von präzise 417.33 Franken und einem Revolver wieder auszubrechen.[61] Das bedingt einiges an Fertigkeit. Es verwundert nicht, dass das Kantonsgericht schon 1925 – bei einer der zahlreichen Verurteilungen – zum Schluss kommt, Stoffel zeige «keine geistige Abnormität». Seine «bewiesene Intelligenz und Klugheit» machen ihn also «voll schuldfähig».[62]

Neben Presseartikeln und Gerichtsakten sollen in diesem Kapitel erstmals auch mündliche Berichte beigezogen werden.

STOFFEL ÜBERALL

Spätestens 1929/30 ist Johann Stoffel eine – zumindest in der Ostschweiz – allgemein bekannte Person. Der junge Alfred Maurer, geboren 1914, meint, im frühen Herbst 1930 in Lunden im Prättigau den Vielgesuchten erkannt zu haben:

Seither wurde St überall fieberhaft gesucht. Er verübte sofort wieder schwere Einbrüche, erschreckte die Leute, wenn er einmal wieder überrascht wurde, tat ihnen aber nichts. Die Bevölkerung empfand fast so etwas wie Sympathie für ihn, weil er nicht mordete und der Justiz immer wieder davonlaufen konnte. Ich hatte mir sein Bild, das überall in Zeitungen erschienen war, gut eingeprägt.
Als ich an einem schulfreien, strahlenden Herbstnachmittag durch Felder und Wälder streifte, gelangte ich zufällig in die Fraktion Lunden. In der Nähe einer Häusergruppe ruhte ich mich einen Augenblick aus. Da sah ich aus einer Entfernung von vielleicht hundert Metern einen Mann eilends aus einem Stall herauskommen. Er zog sofort meine Aufmerksamkeit auf sich. Zunächst wollte ich meinen Augen nicht trauen, und doch bestätigte sich mein erster Eindruck: Dies ist der Ein- und Ausbrecher St. Mir stockte das Herz vor Schreck und zugleich vor Freude, denn der Gedanke an St beflügelte meine Phantasie stark. Ich entschloss mich, unauffällig und trotzdem rasch ins Dorf zurückzukehren, um den Landjäger zu orientieren.

Sehr bald stellt sich aber heraus, dass der eifrige Mittelschüler der allgemein grassierenden Stoffel-Hysterie erlegen ist. Beim vermeintlichen Verbrecher handelt es sich um einen harmlosen Viehhändler, der über die falsche Anschuldigung wenig erbaut ist.[63]

Ein ähnlicher Fall ist für Davos zu verzeichnen: «In Davos wurde in einer Wirtschaft ein im Gesicht russgeschwärzter Mann entdeckt und sofort dachte man an Herrn Stoffel. Der Verdächtige wurde dann irgendwo überlistet und eingefangen, hat sich aber als ehrbarer Kaminfegergeselle ausgewiesen.»[64] Sonderbar allerdings die Verbindung Stoffels mit dem russgeschwärzten Gesicht: Soll da ein Link zum schwarzen Mann, zum Teufel, hergestellt werden?

Meistens laufen die Begegnungen mit Johann Stoffel weniger turbulent und in der Regel auch freundlicher ab. Emmi Wildberger, geboren 1919, berichtet aus ihrer Jugendzeit in Chur:

Wir hatten immer ein offenes Haus, und da passt wohl auch die Episode mit dem Ein- und Ausbrecherkönig Johann Stoffel. Einmal, wir wollten uns gerade zum Essen hinsetzen, läutete es und ein hungrig aussehender, bleicher Mann stand vor der Türe. Mama sagte, er könne zu uns an den Tisch kommen, wir seien gerade am Mittagessen. Zu mir sagte sie auf Romanisch, ich solle etwas zurückhalten mit dem Fleisch, damit es auch für den Besuch reiche. Papa fragte den Mann, wie er heisse, und dieser antwortete: «Johann Stoffel».
Wir waren sofort im Bild, denn dieser Name war damals ein Begriff. Stoffel war ein ganz spezieller Kleinkrimineller, der Niemandem etwas zu Leide tat. Er hat vorwiegend den Reichen Sachen gestohlen und davon den Armen gegeben. Wir assen weiter und taten nicht dergleichen, er verabschiedete sich dann und bedankte sich sehr. Auch nach diesem Besuch liessen wir, wie gewohnt, Haus und Wohnung ruhig Tag und Nacht unverschlossen.[65]

Sollte Stoffel noch nicht weitherum bekannt gewesen sein, so ändert sich dies spätestens im Herbst 1929. Im *Nebelspalter,* der massgebenden, seit 1875 erscheinenden Schweizer Satirezeitschrift, erscheint ein längerer, fiktiver «Brief Stoffels». Darin werden in humoristischer, erfundener Form die Zustände im «Hotel Sennhof» auf die Schippe genommen, und es wird über die zweimalige Flucht gelacht. Dazu kommen zahlreiche Anspielungen und Wortspiele, die sich an den «Verwalder» des «Sennhofs» richten, aber auch an den zuständigen Regierungsrat, dessen obersten «Schef». Der richtige Autor des bewusst holprigen Briefes könnte Carl Böckli sein, Chefredaktor seit 1927. Auf jeden Fall scheint der Autor gut informiert; seine zahlreichen Anspielungen zeugen von erstaunlicher Orts- und Sachkenntnis. Klartext redet er, wenn es um die Nacht vom 16. auf den 17. Juli 1929 geht, die «im Zusammenhang steht» mit Stoffels spektakulärem Ein- und Ausstieg in den «Sennhof». Die diesbezüglichen Zeitungsmeldungen deuten den gleichen obigen «Zusammenhang» an und machen klar, dass der blamable Ein- und Ausbruch ohne Zweifel Stoffel zuzuschreiben ist.[66]

Ein Brief Stoffels

Vorbemerkung der Redaktion: Der bekannte bündnerische Ein- und Ausbruch-Künstler Stoffel, der kürzlich binnen kurzer Frist zum zweiten Male aus dem «Sennhof» zu Chur entwichen ist und vermutlich auch mit dem daselbst begangenen Einbruch «im Zusammenhang steht», liess dieser Tage den folgenden, uns freundlich zur Verfügung gestellten Brief nach Chur abgeben:

X. ingen, d. 6. Weinmonats 1929 als am Sausersonntag
Zuchthaus-Verwaltung zum «Sennhof» in Chur.

Lieber Her Verwalder!
Obschon ich ihnen nicht justamänt versprochen, zu schreiben, wenn ich in den Ferien binn, so wull ich nun doch dun ... denn ich muss ihnen – oder da wir doch bis unlengscht Kolegen waren – schreib' ich gerade du .... Muss dir also sagen, dass es mir uf der Wält doch nun wieder besser gfallt an der schönen Herbstsonn als wo ich im lieben Sennhof «am Schatten» war. Du, lieber Kolege, sitzt wohl noch immer – sozegen von Amtswegen – im Zuchthaus; ich aber bin jtzt glüklich heraussen und also auch nicht mehr dein Pangsionärr. Pangsionärrisch hat ich's ja bei euch rächt gut, aber auch sonsten ischt es dort ein wenig närrisch. Denn es ischt Tadsach, dass unser einer dort auf Kassenbesuch kommen und

dann wieder Ferien machen kan, wie's ihm grad passt.
Aber dut mir dessendwegen nur nicht mit dem armen Werder schimpfen. Der kann am wenigsten der für. Er hat äben auch nur zwei Ougen und diese im Gsicht und nicht hintenfür, und die Hühnerougen könen in den Schuhen, wo's dunkel ischt wie in einen Kuhbouch, auch nicht gut sähen. Ich leg' also als ächter Khrist ein gut Wort für den Werder ein. Er ischt ein gueter Mann. Er könnt ja auch nicht wüssen, dass ich gerade in dein Büro, lieber Kolege hineinsprigen würd, worauf ich ganz gemüetlich das liäbe Hous auff dem Wäg verlassen konnt, wie ich es verwichen beträten hab.
Mann hat in der Zeidung geschrieben, ich hab das Hotel «Sennhof» nur in Hemp und Hosen verlassen. Pardong! Das ischt nicht warr. Ich hab auch noch Sokken angehabt, also doch mehr als mannch schöns Freulein auf der Strass, wo ich solche ouch schon ohne Schtrümpf und Sokken hab herumloufen und ouf dem Mainsäss habt danzen sähen. Also pardong.
Ich bin über Haupt und underem Haupt ein anständiger Mönsch. Bin dessenhalb auch gleich nach Rhäzünz gereisst, um mir dorten ein neu Gewandli zu verschaffen, oder abzuservieren. Wollt mich gerade in Rhäzüns dafürr erkenntlich erweisen, dass es im liäben Sennhof so gemüetlich ischt, weil doch mein liäber Schef von

Justiz- und Bolizeiappartement aus Rhäzünz ischt. Man soll sich erkänntlich erweisen, aber nicht immer kenntlich machen, dass ischt meine Läbensreggel.

Nun hab ich heut einen schönnen Sausserbummel mit meiner Urschla über den Kischtenpass gemacht. Haben überal einkehrt, wo der Herrgott ein Arm herausstreckt; han so viel Sausser ghabt, dass man mich jetzt erst rächt nicht wiedererkennt... waren viel Churer hier, hab aber keinen bekannten Bolizisten oder Tchtugger gesähen.

Noch eins: hab in der Zeidung geläsen, man wolle nun das liabe «Hotel und Pension Sennhof» umbauen und anderscht einrichten. Um Gotts Willen, nur das nicht! Ich bin für Heimetschutz hier soll sich die Gesällschaft für Erhaltung alter Ruinen ins Zeug leggen. Aes gib ja nur noch ganz wenig gemüetliche Pläzzchen auf dieser Wält, da soll man die als Heiligdumm schüzzen, wo es noch hat. Ich ruefe also: Schützet den liäben, alden, gueten, gemüetlichen, wintigen «Sennhof» Lasst alles bim Alden. Hier muss man konservetiv sein. Tixit!

Mit fielen härzlichen Grüessen an dich und meine liäben Ecks-Kolegen

Euer ferienfroher Stoffel-li

P.S. Wenn in diessem Brieff etlich Flüchtigkeitsfähler sein solten, dann Aexgüsi – ich war halt immer gern flüchtig, 's liegt in der Nadur.[67]

In Johann Stoffels Image als Schelm und Lebemann fügen sich seine Beziehungen zu mehreren Frauen. Die Öffentlichkeit reimt sich daraus ein romanhaftes Leben. Dabei dringt oftmals ein frauenverachtender Ton durch. Der Verteidiger beim Prozess von 1931 fasst das Thema laut dem *Freien Rätier* folgendermassen zusammen: «Stoffel hatte grosses Glück beim Stehlen und leider auch in der Liebe. Er war ein Opfer der Frauen, die ihn liebten.»[68] So übertrieben diese Formel auch sein mag, so hat Stoffel doch eine getreue weibliche Anhängerschaft, die «holde Weiblichkeit jeden Alters und Formats». Zu deren Enttäuschung verläuft der Prozess von 1931 so «unromantisch», dass «die vielen Frauen, die fast drei Stunden in drangvoller Enge ausgehalten hatten, nicht auf ihre Rechnung gekommen sind».[69]

Sowohl die Presse wie auch staatliche Institutionen schreiben vor und nachher nicht allzu negativ über Stoffel. Sie zählen dafür mit Gusto die vielen «Mädchen», «Konkubinen» und «Liebschaften» auf, seine «zweifelhaften Liebesidyllen» und «Liebesverhältnisse», die «schlechte Weibergesellschaft». Auch die *Neue Zürcher Zeitung* berichtet moralisierend von verschiedenen «Frauenspersonen», mit denen er «in leichtsinniger Weise das Geld verbrauchte».[70] Seine Braut ist nicht einfach Braut, sondern eine «angebliche Braut». In der romanischen Presse ist die Rede von «quei famus pèr», diesem berühmten Paar.

Stoffel leistet sich gleichzeitig zwei Geliebte. Da darf das eher abgedroschene Spässchen des Verteidigers nicht fehlen: Wenn Stoffel sich in St. Gallen nicht anmelden will, «so nicht aus Furcht vor der Polizei, sondern aus Furcht vor den beiden Geliebten. Denn es ist viel gefährlicher, wenn zwei verliebte Mädchen hinter einem her sind als die Polizei (Heiterkeit)».[71] Das *Bündner Tagblatt* bringt die Motivation Stoffels für seine Raubzüge auf folgende gar einfache Formel: «Verhängnisvoller aber für ihn war sein Liebesglück,

Eleganten Herren traut man leichter.
Johann Stoffel, um 1929.

das ihn letzten Endes zum Stehlen trieb, um die finanziellen Bedürfnisse seiner Liebesverhältnisse zu befriedigen»,[72] und es wird angedeutet, dass Stoffel sich von seinen Geliebten habe ausnehmen lassen. Er nimmt für sich in Anspruch, er sei Anfang Oktober 1929 nur aus dem «Sennhof» ausgebrochen, weil er gehört habe, dass seine «Braut» schwanger sei und seine Mutter sie nicht gut behandle.[73]

Dass der kleine, schmächtige, aber offenbar sehr beredte[74] und häufig elegant gekleidete Stoffel seine Wirkung auf manche Frauen nicht verfehlt, zeigen die folgenden zwei Briefchen einer jungen Verliebten: seiner Komplizin und langjährigen Freundin Alice Burkhalter. Die Schriftstücke liegen im Staatsarchiv, sie sind vielleicht nach Inspektionen von Stoffels Zelle aufgefunden und in den entsprechenden Dossiers abgelegt worden. Die kleinformatigen Fresszettel sind wohl das, was im Jargon «Kassiber» genannt wird, also geheime Schriftstücke, die nach draussen verschickt oder unter den Gefängnisinsassen ausgetauscht werden.

Bitte kommen Sie noch einmal bei mir im Geschäft vorbei bevor Sie wieder abreisen da ich mit Ihnen noch verschiedenes besprechen möchte. Die Zeit ist am besten Abends 6 bis 7 Uhr

Bitte um Erfüllung des Wunsches
Ihre Louis[75]

[Brief von Alice Burkhalter an Johann Stoffel]

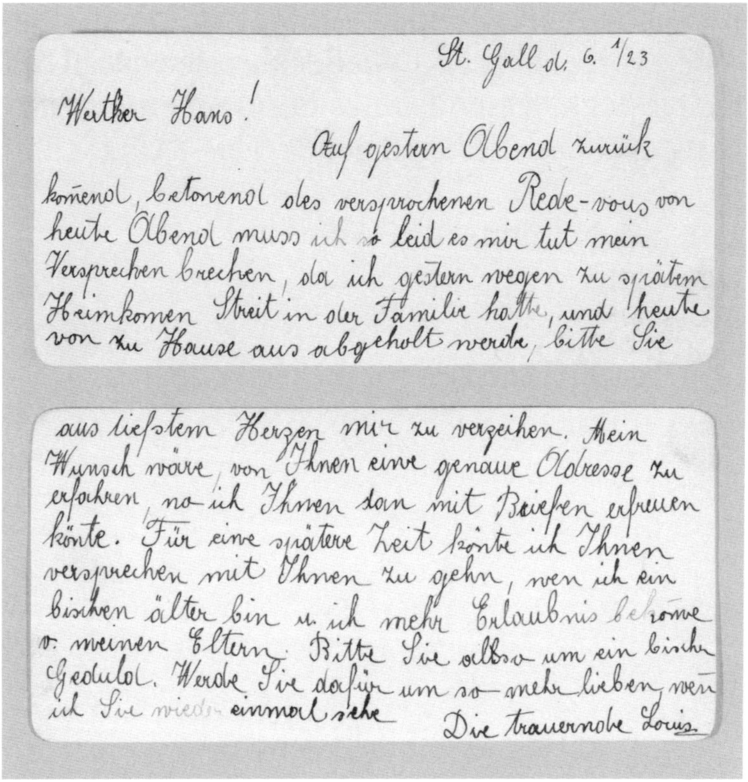
St. Gall d. 6. 1/23

Werther Hans!

Auf gestern Abend zurück komend, betonend des versprochenen Rede-vous von heute Abend muss ich so leid es mir tut mein Versprechen brechen, da ich gestern wegen zu spätem Heimkomen Streit in der Familie hatte, und heute von zu Hause aus abgeholt werde, bitte Sie aus tiefstem Herzen mir zu verzeihen. Mein Wunsch wäre, von Ihnen eine genaue Adresse zu erfahren, wo ich Ihnen dan mit Briefen erfreuen könte. Für eine spätere Zeit könte ich Ihnen versprechen mit Ihnen zu gehn, wen ich ein bischen älter bin u. ich mehr Erlaubnis bekome v. meinen Eltern. Bitte Sie also um ein bischen Geduld. Werde Sie dafür um so mehr lieben, wen ich Sie wieder einmal sehe

Die trauernde Louis

Liebesbrief von «Louis» an Johann Stoffel, wohl um 1923 in St. Gallen verfasst.

St. Galle 6.1.23
Werther Hans!
Auf gestern Abend zurück kommend, betonend des versprochenen Rede-vous von heute Abend muss ich so leid es mir tut mein Versprechen brechen, da ich gestern wegen zu spätem Heimkomen Streit in der Familie hatte, und heute von zu Hause aus abgeholt werde, bitte Sie aus tiefstem Herzen mir zu verzeihen. Mein Wunsch wäre von Ihnen eine genaue Adresse zu erfahren wo ich Ihnen dann mit Briefen erfreuen könnte. Für eine spätere Zeit könnte ich Ihnen versprechen mit Ihnen zu gehen, wen ich ein bischen älter bin und ich mehr Erlaubnis bekome von meinen Eltern. Bitte Sie allso um ein bisschen Geduld. Werde Sie dafür umso mehr lieben, wenn ich Sie noch einmal sehe
Die trauernde Louis[76]

[Brief von Alice Burkhalter aus St. Gallen an Johann Stoffel, datiert 6. Januar 1923]

Es folgt ein melodramatischer Kassiber von Johann Stoffel an Alice Burkhalter, sodann ein Auszug aus einem Verhörprotokoll mit Burkhalter, in dem diese Jahre später erklärt, wie sie Stoffels Geliebte geworden ist.

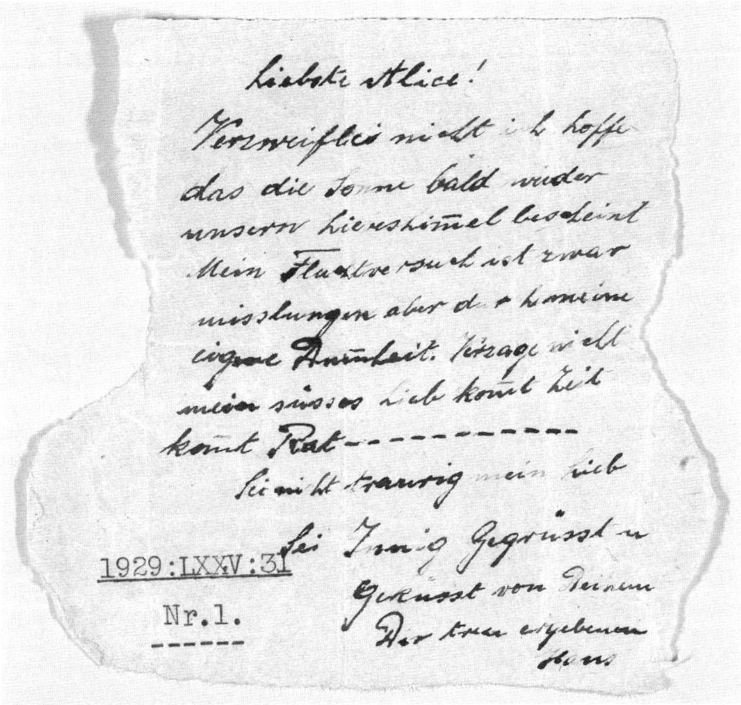

Liebste Alice!
Verzweifle nicht ich hoffe
das die Sonne bald wider
unsern Liebeshimel bescheint
Mein Fluchtversuch ist zwar
misslungen aber durch meine
eigene Dummheit. Verzage nicht
mein süsses Lieb komt Zeit
komt Rat ------------
Sei nicht traurig mein Lieb
Sei Innig Gegrüsst u
Geküsst von Deinem
Dir treu ergebenen
Hans

1929:LXXV:31
Nr.1.

Kassiber von Johann Stoffel aus dem «Sennhof» an Alice Burkhalter, ohne Datum.

Liebste Alice!
Verzweifle nicht ich hoffe das die Sonne bald wieder unseren Liebeshimmel bescheint Mein Fluchtversuch ist zwar misslungen aber durch meine eigene Dummheit. Verzage nicht mein süsses lieb kommt Zeit kommt Rat.[77]

[Kassiber von Johann Stoffel aus dem «Sennhof» an Alice Burkhalter]

Hat Ihnen Stoffel irgendwelche Angaben bezüglich seines Vorlebens gemacht?
Über sein Vorleben sagte er mir in Bern nichts. Er gab mir an, als Reisender des Kunstverlages Weixler in Zürich tätig zu sein. Schon in Bern gestalteten sich die Beziehungen als intime. Ich habe ihn für einen rechten Burschen angesehen und es war mir nicht bekannt, dass er mit andern Mädchen Beziehungen unterhielt. Er sagte er wolle nur mich und niemand anders. Das fasste ich als ein Eheversprechen auf.[78] Stoffel hält sich bis im Juni a.c. beständig in Bern auf. Im Juni verliess er Bern und er gab mir an, er gehe nach Zürich. Von Zürich aus schrieb er mir 2 mal an, es war im Juli. Stoffel schrieb mir, ob ich nicht lieber eine Stelle in Zürich annehmen wolle, ich könne ja eben so gut in Zürich sein als in Bern. Auch wünsche er, dass ich mit seiner Mutter bekannt werde. Ich entschloss mich auch nach Zürich zu gehen, wo ich bei seiner Mutter Wohnung nahm. Das war ungefähr Mitte Juli.[79]

[Alice Burkhalter vor dem Verhörrichter (Staatsanwalt), Chur, 2. September 1929]

Genau ein Jahr nach diesem Verhör in Chur findet eine Gerichtsverhandlung zu Diebstählen im Kanton Zürich vor dem Zürcher Obergericht statt. Alice Burkhalter ist mitangeklagt. Anders als in Graubünden arbeitet Stoffel im Unterland nämlich nicht allein; ein Coiffeur aus Solothurn und Burkhalter gehen ihm gelegentlich zur Hand.

So ist am 22. Januar [1930] ca. 12 Uhr nachts Stoffel, nachdem die Angeklagte Alice Burkhalter am Tage vorher zu dem bewussten Zwecke der späteren Ausführung eines Diebstahls sich durch Nachfrage nach einer Patientin Klara Dürig zuhanden Stoffels und seiner Komplicen die Oertlichkeit, speziell die Lage des Büros ausgekundschaftet hatte, durch erklettern der Hausmauer und einsteigen durch ein offenes Fenster in das Krankenasyl Realp [...] eingedrungen, um womöglich aus dem Büro, wo sich zur Zeit in einem Secretär ca. Frs. 3700.– Taggelder von Patienten und ca. Frs. 300.– Haushaltungsgeld befanden, die genannte Barschaft zu entwenden, während Stüdi und der [richtig: die] Mitangeklagte Burkhalter unten Wache standen; er wurde aber durch den Schrei einer Patientin, in deren Zimmer er gelangt war, verscheucht.[80]

Burkhalter wird zu zwei Monaten Gefängnis verurteilt, bedingt mit einer Probezeit von fünf Jahren. Das Gericht begründet recht arrogant: «Jugend und Unbescholtenheit der Mitangeklagten Alice Burkhalter lassen es angezeigt erscheinen auch ihr, die Stoffels Geliebte und zufolge ihrer offenkundig wenig entwickelten Selbstständigkeit und ihrer geringen Intelligenz nicht fähig war, der verbrecherischen Beeinflussung durch Stoffel hinreichend zu widerstehen, die bedingte Verurteilung zu gewähren.»[81]

STOFFEL UND DIE FASNACHT

Der Höhepunkt der Rezeption als amüsanter Schelm fällt in die Narrenzeit nach seiner längeren Flucht: Die Churer Fasnacht 1930 steht ganz im Zeichen des Johann Stoffel. Man darf also davon ausgehen, dass Stoffel einem breiten Publikum bekannt ist, sonst wäre er nicht als Motto bestimmt worden. Er, der «lange Zeit der Polizei ein Schnippchen schlug, der der Churer Fastnachtsgesellschaft ein ausgezeichnetes Motiv und der Bevölkerung Stoff zu unzähligen Witzen lieferte».[82]

Die Churer Fasnacht ist selbstverständlich nicht mit denjenigen in Basel oder Luzern zu vergleichen, weist aber 1930 bereits eine bescheidene Tradition auf.[83] Allerdings sind auch in Chur bereits die ersten Anzeichen der Wirtschaftskrise zu verspüren, und die alljährliche Durchführung der Fasnacht ist nicht selten gefährdet. Die offizielle Churer Fasnachtsplakette des Jahres 1930 bildet «Stoffel sucht das Weite» ab und verulkt damit ein Thema, das rege diskutiert wird, nämlich die mangelnde Sicherheit im «Sport-Hotel Sonnhof». Ein Wagen ist mit viel Aufwand dem «Sennhof»-Gebäude samt Gitterstäben nachgebildet worden. Er wird unmittelbar davor parkiert und sorgt für einen verblüffenden Effekt zwischen Konstrukt und Original. Dann «nahte die mit grosser Ungeduld erwartete

Plakette der Churer Fasnachtsgesellschaft 1930 mit dem fliehenden Stoffel. Die Wahl des Motivs ist ein deutliches Zeichen dafür, dass Johann Stoffel in diesen Jahren weitherum bekannt ist.

Hauptattraktion ‹Stoffels Heimkehr in die Bünde›. Schon am Mittag waren die ‹Offiziellen› per Auto zum Bahnhof gefahren und hatten den von Zürich eingetroffenen Stoffel abgeholt. Nun marschierte er gefesselt zwischen zwei Hütern des Gesetzes, gefolgt von der lebenswahren Maske unseres bewährten Detektivs Wachtmeister Walch, seinem Schicksal entgegen. Auf der Quader hatte sich um 5 Uhr eine riesige Volksmenge angesammelt, welche der Exekution beiwohnen wollte. Der berühmte Ein- und Ausbrecher wurde in den ‹Sonnhof› eingesperrt, darunter der Holzstoss aufgerichtet, aber wie die erste Flamme züngelte, brach Stoffel aus und suchte unter dem Gelächter der Menge das Weite gegen die Halde hinauf. Wiederum war Stoffel entkommen, während der ‹Sonnhof› unter gewaltigen Detonationen in einen Aschenhaufen verwandelt wurde. Damit sollte auch die ‹Geschichte von Stoffels Freiheitsdrang› für das Forum der Öffentlichkeit endgültig erledigt sein», wie das *Bündner Tagblatt* des Themas offenbar etwas überdrüssig wünscht.[84] Sowohl der «Sonnhof» als auch die Ereignisse auf der Quaderwiese sind auf historischen Fotos abgebildet. Nicht fehlen darf auch das Böllerschiessen von der «Halde» herab, samt einem Text, der wiederum Stoffel zum Thema hat:

Stehlen, rauben ist heut' mode
Und nicht allein der kleine Stoffel,
Schleicht herum im Diebspantoffel.
Doch raten wir, das vor der Fasnachtskasse
Er seine langen Finger lasse.
Sonst fliegt ihm eine Zentnerbohne
An den Kopf aus der Kanone.[85]

Fasnacht 1930 in Chur. Vor dem «Sennhof» steht der dem Gefängnis nachgebaute Wagen der Fasnächtler, der das «Sport-Hotel Sonnhof» auf die Schippe nimmt, aus dem man «mit einem Gump» so leicht entwischen kann.

Ein fingiertes Telegramm verkündet Johann Stoffels Ankunft in Chur. Ein Schauspieler zeigt, wie Stoffel von zwei Landjägern bewacht wird und wie er auf der Quaderwiese entkommt.

Rudolf Wymann, geboren 1925, meint, sich an den damaligen Umzug und die Erklärungen seines Vaters erinnern zu können. Er erinnert sich auch, wie Stoffel in diesen Jahren das «Stadtgespräch» war und wie seine Streiche als «nicht schlimm» eingestuft wurden.[86] Die Taten und Untaten Johann Stoffels werden von der Bevölkerung in der Regel neutral bis wohlwollend oder gar schmunzelnd aufgenommen. Ausgenommen davon sind natürlich die Opfer seiner Diebestouren sowie die von Amtes wegen strikte auf die Einhaltung der Gesetze Verpflichteten, wie etwa der Staatsanwalt.

Die grosse Ausnahme innerhalb der medialen Rezeption bildet ein Artikel von «GS» im *Bündner Tagblatt* vom 3. März 1930. Anlässlich der Fasnacht rückt er das weitherum eher positive Bild Stoffels unter dem sarkastischen Titel «Stoffel, unser ‹Nationalheld›» drastisch zurecht und zeichnet dessen Persönlichkeit in einem denkbar schlechten Licht:

Die Churer Faschingsgesellschaft hat sich den vielgenannten, ja wie es scheint zur Berühmtheit gewordenen Stoffel zu unserem «Nationalhelden» erkoren. Ernstdenkende Leute schütteln den Kopf und fragen sich «Wohin soll denn diese nicht enden wollende Lumpenverherrlichung führen?» Ein harmloser, zügiger und aktueller Scherz soll es sein. Zügig und aktuell mag er sein, harmlos schon weniger. In der Schule wurde uns der Grundsatz eingeprägt: «Auch dein Scherz diene zum Guten.» Wie steht es nun diesbezüglich mit all den Stoffel-Witzen, wahren und unwahren Stoffel-Anekdoten, mit Stoffels «Freiheitsdrang» und nun gar noch mit den so «prächtig gelungenen» Stoffel-Plaketten? Wird da nicht die ganz verkehrte und verlotterte Lebensauffassung eines auf Abwege geratenen Lügners, Betrügers und Diebes verherrlicht? Man bejubelt und beweihräuchert den sittlich ganz herunter gekommenen Menschen (Konkubine in Zürich), den gemeingefährlichen Ein- und Ausbrecher, der sich «für alle Fälle» mit dem scharfgeladenen Revolver bewaffnet. Handinhand damit geht eine Lächerlichmachung der Behörden und Aufsichtsorgane, die sich nichts zuschulden kommen liessen, wenigstens in ihrer Gesamtheit nicht. Unsere Polizeiorgane, welche Tag und Nacht bereit stehen müssen und nur zu oft ihre Nachtruhe und Erholungszeit bereitwillig opferten, um so einen geriebenen und ge-

meingefährlichen Gauner einzufangen, werden dem Gespött der Masse preisgegeben.
Diese gutheissende Einstellung zu den «Heldentaten» eines Banditen und die gleichzeitige geringschätzige Wertung treuer Pflichterfüllung im Dienste der Allgemeinheit stehender Beamter bleiben nicht ohne Einfluss auf die Charakterbildung der heranwachsenden Jugend. Diese wird von der Stimmung des Augenblicks hingerissen. Witz und Humor, Alkohol und Feststimmung entfachen die Begeisterung für den «Helden» des Tages. Warum sollte man's nicht auch machen wie er, «der grosse Held»? Darum geniesse in vollen Zügen die Genüsse des Tages. Die Mittel dazu holt man sich da, wo sie zu haben sind. Und wenn dann die stürmenden Fluten des Lebens den unkundigen Schwimmer etwa in Realta oder im Sennhof stranden, was macht's? Über diese Stationen führte ja der Ruhmesweg unseres «Nationalhelden». – Die moralische Urteilsbefähigung der zur Zeit der Pubertät sowie so in seelischer Not befindenden Jugend zwischen Gut und Böse, zwischen Erlaubtem und Unerlaubtem wird getrübt. Dieser blinde gedankenlose Stoffelkult zerstört letzten Endes das durch vieljährige Arbeit aufgebaute Erziehungswerk braver christlicher Eltern. GS.[87]

Aber nicht nur in Chur sind Johann Stoffels Taten wohlbekannt. Auch manche Regionalzeitungen berichten regelmässig und eher amüsiert, etwa die *Gasetta Romontscha* oder der *Il Grigione Italiano*. In Poschiavo wird jedes Jahr die Puppe «Pupocc da Marz» verbrannt und der Frühling eingeläutet, ähnlich wie der «Böögg» in Zürich. Der «Pupocc» bekommt jedes Jahr einen neuen Namen, der sich meist auf aktuelle Themen bezieht. 1930 ist es «il briccone Stoffel, che si beffò tante volte della polizia sguinzagliata alle sue calcagna», also der Schelm Stoffel, der die ihm hinterherhetzende Polizei viele Male zum Narren gehalten hat.[88]

Der Angeklagte

Im Februar 1930 endet Johann Stoffels Karriere als Ein- und Ausbrecher mit seiner Verhaftung in Zürich. Der darauffolgende Zürcher Prozess vom September 1930 geht dem bündnerischen vom Februar 1931 voraus. Das Publikum lernt Stoffel nun als Angeklagten kennen, bleibt ihm aber treu. Deutlich wird während der Prozesse, wie Stoffel fast immer nachts gearbeitet hat, mit ganz wenigen und simplen Werkzeugen wie Stechbeutel, Schere oder Schraubenzieher. In Zürich operiert er häufig mit jemandem, der Wache steht, oft ist dies seine Geliebte Alice Burkhalter. Diese erkundet manchmal vorgängig, wo nachher am besten einzusteigen ist – fast immer ist das ein Fenster, das offen steht oder aufgedrückt wird. Wie bei allen Diebstählen wendet Stoffel nie Gewalt gegen Personen an.

Dass Stoffel bereits in jungen Jahren straffällig geworden ist – im Kanton Zürich spätestens mit zwanzig –, wird aus unten zitiertem Regierungsratsbeschluss klar:

Endlich ist der Angeklagte Stoffel, dem durch Beschluss des zürcherischen Regierungsrates vom 11. Dezember 1919 die Niederlassung im Kanton Zürich aus sicherheits-polizeilichen Gründen entzogen und das Wiederbetreten des Kantonsgebietes ohne besondere Bewilligung der Polizeidirektion unter der Androhung der Ueberweisung im Falle der Zuwiderhandlung an das Gericht zur Bestrafung wegen Ungehorsams untersagt worden ist, etwa Mitte Oktober 1929 unerlaubterweise in den Kanton Zürich zurückgekehrt, hat sich daselbst bis zu seiner am 8. Februar 1930 in Zürich erfolgten Verhaftung aufgehalten und hat sich in der Zeit von Anfangs Januar bis zum 6. Februar eine Reihe von Einbruchdiebstählen zu Schulden kommen lassen.[89]

Das nun folgende Kapitel bietet Einblick in die Gerichtsberichterstattung und in gerichtliche Akten, insbesondere zum Prozess vom Februar 1931 in Chur.

AUFTRITT STOFFEL

«Johann Stoffel, der Hauptmann des langen Fingers, kommt dieser Tage vor das Kantonsgericht. Er muss Rechenschaft ablegen zu seinen Diebstählen und Abenteuern. Mit der Verteidigung ist Herr Anwalt Dr. Ed. Mirer beauftragt worden», so berichtet die *Gasetta Romontscha* im Falle Johann Stoffel.[90] Bemerkenswert ist die neutrale Bezeichnung «Abenteuer», die immerhin ein gewisses Wohlwollen anzudeuten scheint. Die Churer Gerichtsverhandlung von 1931 ist eine kleinstädtische Sensation mit entsprechend viel Zulauf.

Man wollte den Allerwelts-Stoffel sehen, viele werden ihn im Stillen gar noch bewundern und alle fühlten den Drang, den «Held» so mancher Räubergeschichten und gelungener Fluchtversuche aus den Gefängnissen im Kampfe mit dem untersuchenden Richter wahrzunehmen. Wer so manches Mal den Bemühungen und Fallen der Polizei trotzte, wer mit aller Leichtigkeit alle Fesseln durchbrach und dicke Gefängnismauern überwand, der musste auch vor Gericht seinen Mann stellen und seine Gewandtheit zeigen.[91]
Schon lange vor vier Uhr stand vor dem Gerichtsgebäude viel Volk (auch Frauen mit Kinderwägeli), um wenigstens etwas von diesem «berühmten» Stoffel zu sehen. Im Korridor und nachher im Gerichtssaal war ein unglaubliches Gedränge. Enge aneinandergepresst wie Heringe in einer Tonne stand das schaulustige Publikum da, kaum der Schule entwachsene Jünglinge, [...] sowie weiteres Volk in bunter Mischung, vom Professor bis zum Handwerker und Ausläufer. Mit einer Ausdauer, die einer besseren Sache würdig wäre, hielt es volle drei Stunden in dem erstickend heissen Raum aus, um ja kein Wort zu verlieren, keine Geste zu verpassen. Man konnte sich darüber seine Gedanken machen.[92]

Johann Stoffel scheint für das Publikum eine Enttäuschung zu sein. Er entspricht dem Klischee des edlen Räubers à la Robin Hood kaum:

Von drei Polizisten eskortiert tritt Johann Stoffel herein, die Sensation des Tages. Als die hintere Türe des Saales aufgeht, die förmlich Zuschauer und noch mehr Zuschauerinnen hereinspeit, sitzt Stoffel schon auf seinem Platz. Er rührt sich nicht auf seinem Stuhle, keinen Blick nach hinten, keine Bewegung, die ahnen lässt, dass ihn das alles interessierte! […] Er ist in Grand Tenue erschienen: Stoffel weiss, was er dem Gerichte schuldig ist: schwarze Kleidung, schwarze Krawatte, schwarze Glanzlederschuhe. Die schwarze Farbe lässt die Blässe seines scharf geschnittenen Gesichtes noch hervortreten. Stoffel hat in seinem Äusseren – das stellt sich beim Verhör rasch heraus – wenig Romantisches an sich. Er ist der Verbrecher der modernen Sachlichkeit, Hemmungen kennt er gar keine, namentlich nicht solche moralischer Natur.[93]

Die obige Charakterisierung Stoffels durch den Berichterstatter des *Freien Rätiers* ist im Vergleich zu denjenigen seiner Berufskollegen recht harsch. Dass der Journalist den grossen Publikumsaufmarsch eher als lästig empfindet, wird deutlich, wenn er die wohl ungewohnte Besuchermasse sehr despektierlich in den Gerichtssaal «hereinspeien» lässt. Dazu passt auch sein Wunsch, das Kapitel Stoffel endlich abzuschliessen: «Der letzte Akt dieser Tragödie ist nicht interessant und ohne eine Spur von gemütlichem oder humorvollem Verbrechertum. Die Bekanntschaft mit Stoffel wird jedem eine Enttäuschung bereiten; es ist Zeit, wenn der Fall Stoffel endgültig aus Akten und Traktanden fällt.»[94]

Der Berichterstatter des *Bündner Tagblatts* versucht sich gar in etwas Küchentischpsychologie:

Seinem [Stoffels] Benehmen vor dem Kantonsgericht entsprechend sind seine Antworten an den Präsidenten höflich, einfach. Er spricht leise, dass man oft Mühe hat ihn zu verstehen, was auch den Präsidenten veranlasst, ihn wiederholt zu lauterer Antwort aufzufordern. Wie gewöhnlich erweckt die Verhandlung im Publikum Mitleid, manchmal fast etwas wie Sympathie für den Beschuldigten. Es ist dies ein Phänomen, das bei bescheidenem Auftreten des Angeklagten in Strafrechtsfällen stets zu beobachten ist.[95]

Die «Anklagerede» des Amtsklägers listet für 1929 in Graubünden 18 Diebstähle auf, die Johann Stoffel angelastet werden. 15 davon gibt er zu, drei bestreitet er.[96]

Ort	*Geschädigter*	*Gegenstand*
Rhäzüns	Pfarrer B. Plaz	Fr. 1100.–
St. Moritz	Milchhalle St. M.	Fr. 1345.–
St. Moritz	Santi Remigio	1 Velo
St. Moritz	Pfarrer L. Soliva	–
Chur	Kreuzspital	Diverses
Chur	Christ. Casanova	1 Velo
Peiden-Bad	Sassi Antonino	Fr. 250
Vals	Hotel Adula	Fr. 840
Vals	Nik. Joh. Illien	u. a. Militärmesser
Chur	Marienheim	–
Chur	Sennhof	Fr. 417.33, Revolver
Chur	Hotel Stern	ca. Fr. 4000
Chur	D. Schäpper	Fr. 329 (Kleider)
Rhäzüns	Konsumverein	Kleider, Geldbeutel
St. Moritz	Villa Vedetta	Kleider, Wäsche
St. Moritz	Dr. O. Bernhard	Fr. 1300
Davos	Sanat. Vöchting	Fr. 100
Davos	San. Werdenberg	Fr. 50, Handtasche

Wert	*Standpunkt Stoffels*
Fr. 1100	leugnet
Fr. 1345	Geständnis
Fr. 150	Geständnis
–	Geständnis
ca. Fr. 500	Geständnis
Fr. 150	Geständnis
Fr. 250	leugnet
Fr. 840	Geständnis
Fr. 17.50	Geständnis
–	Geständnis
Fr. 417.33	Geständnis
ca. Fr. 4000	Geständnis
Fr. 329	Geständnis
Fr. 85.50	Geständnis
Fr. 500	leugnet
Fr. 1300	Geständnis
Fr. 100	Geständnis
Fr. 60	Geständnis

Der Amtskläger kommentiert in der Folge auch die subjektive Seite der Deliktserie. Stoffel habe sein Handwerk «kühn und frech» betrieben. Viele Diebstähle habe er an einem früheren Arbeitsort begangen, andere nach vorheriger Auskundschaftung. Der Staatsanwalt unterstellt Stoffel ganz allgemein eine wenig ethische Haltung, weil er frühere Arbeit- oder Logisgeber bestohlen habe. Er habe keineswegs nur die Reichen erleichtert und habe selbst mit dem Verkauf von Bildern zeitweise recht ordentlich verdient. Anstellung habe er auch wiederholt gefunden, obwohl man seine Vorstrafen kannte. Er könne sich über das Verhalten seiner Mitmenschen nicht beklagen. Er sei «keineswegs der harmlose Stoffel, als der er sich ausgibt», fasst der Amtskläger zusammen und schliesst daraus dezidiert: «Alles das beweist, dass Stoffel unverbesserlich ist. Er wurde wiederholt ermahnt, und man hat der Heimatgemeinde die Versorgung nahegelegt. Eine Besserung ist unter diesen Umständen so gut wie aussichtslos, und die Strafe soll darum nur als Vergeltung für die begangenen Taten dienen. Und dann muss er versorgt und die menschliche Gesellschaft vor ihm gesichert werden.»

Oder wie es *Der freie Rätier* gleichentags ganz ähnlich, nur noch etwas schärfer formuliert:

Sie [die Strafe] wird aber Vergeltung üben und die menschliche Gesellschaft eine Zeitlang vor diesem Schädling schützen.
Der Strafantrag des Staatsanwaltes an das Gericht lautet so:
1. Stoffel Johann sei des wiederholten ausgezeichneten Diebstahls unter erschwerenden Umständen, sowie des wiederholten Versuches von ausgezeichnetem Diebstahl unter erschwerenden Umständen schuldig zu erklären.
2. Stoffel sei dafür zu bestrafen mit vier Jahren Zuchthaus und zehn Jahren Ehrverlust.
3. Er habe den verursachten Schaden zu ersetzen und sämtliche Untersuchs-, Gerichts- und Strafvollzugskosten zu tragen.
4. Das Urteil sei der Heimatgemeinde, eventuell der sonst zuständigen Behörde, mitzuteilen, mit der Einladung, geeignete Massnahmen zur dauernden Versorgung des Stoffel zu treffen.[97]

Der Verteidiger widerspricht der Äusserung des Staatsanwalts, Stoffel sei ein gefährlicher Mensch.[98] Vielmehr sei der Angeklagte dafür bekannt, dass er weder Mensch noch Tier je etwas zuleide getan habe, was übrigens einen guten Teil seiner Popularität im Volk ausmache. Beil, Stechbeutel und Messer seien seine einzigen Einbruchswerkzeuge. Die Pistole habe er im «Sennhof» entwendet, um sie zu verkaufen, nicht, um sie zu gebrauchen. Er habe keinem «armen Teufel» etwas entwendet. Kurz: Stoffel sei leichtsinnig, nicht schlecht.

So werde seine Person auch im Volke beurteilt. Der Verteidiger nennt als Milderungsgründe mangelhafte Erziehung, ein schlechtes Elternhaus sowie eine gewisse erbliche Anlage zum Vagabundentum – die mehr der weniger grosse Nähe zu den jenischen Stoffel wird nur hier angedeutet. In letzter Zeit sei Stoffel vom Publikum geradezu zum Helden stilisiert worden, was ihn noch weiter auf die schiefe Bahn gedrängt habe: «Die Verherrlichung, die Stoffel erfahren hatte, war weiter dazu angetan, seine Begriffe zu verwirren und ihn eine Heldenrolle träumen zu lassen. In grossen Artikeln sprach die Presse von ihm, ja eine eigene Broschüre wurde sogar über ihn verfasst, er war der Held eines Theaterstücks, und die Churer Fastnachtsplakette trug sein Bildnis.»[99]

Die Mitschuld der Gesellschaft bestehe vor allem darin, dass sie einem, der hinter Gefängnismauern gesessen habe, in gedanken- und herzloser Weise die Rückkehr ins ehrliche Leben erschwere. «So ist Stoffel ein Opfer, das unter Mitschuld der Gesellschaft selber schuldig wurde.»[100]

Der Amtskläger hält entgegen und geht gar so weit, dass er im Falle Stoffel den «delinquente nato», den geborenen Verbrecher à la Lombroso, andeutet und die dauernde Versorgung des Angeklagten ins Spiel bringt. Der Verteidiger hingegen erachtet eine Strafe von vier Jahren als viel zu weitgehend; 18 bis 20 Monate scheinen ihm angemessen.

STOFFELS EIGENSCHAFTEN

Johann Stoffel werden zahlreiche, auch ganz gegensätzliche Eigenschaften zugeschrieben, nüchtern die einen, überaus farbig die anderen. Nicht verwunderlich dabei ist, dass der Staatsanwalt härter als der Verteidiger urteilt, haben doch beide ihre Rolle zu erfüllen. Noch am ehesten einig sind sich die beiden, was die körperlichen Merkmale betrifft. Bei den charakterlichen Eigenschaften gibt sich der Staatsanwalt überaus streng, er bezeichnet Stoffel als einen «ganz gemeinen Verbrecher», während der Verteidiger seinen Klienten nur «gedankenlos und leichtsinnig» nennt. Gegensätzlich ist auch die Sicht auf den sozialen Kontext der Taten: Während Stoffel gemäss dem Staatsanwalt «auch von Armen» stiehlt, stiehlt er in den Worten des Verteidigers gerade «nicht von Armen». Mit Blick auf die Zukunft gilt Stoffel dem einen als «unverbesserlich», während der andere den «Willen zur Besserung» entdeckt. Eine Gegenüberstellung dieser Attribute ist für die Wahrnehmungsgeschichte der Person Johann Stoffel spannend. Im Folgenden liste ich eine Auswahl solcher Zuschreibungen aus den Jahren 1929 bis 1931 auf. Als Quellen dienen das *Bündner Tagblatt,* die *Neue Bündner Zeitung, Der freie Rätier,* die *Davoser Zeitung,* die *Gasetta Romontscha, Il Grigione Italiano,* das *Bündner Volksblatt/Volksstimme,* das *Liechtensteiner Volksblatt,* die *Liechtensteiner Nachrichten* sowie das *Volksrecht.*

Staatsanwalt über Stoffel:	Verteidiger über Stoffel:
längst gesucht	«Nationalheld»
berüchtigt	gedankenlos, leichtsinnig
«Held» für viele	öffentliche Meinung ist positiv
bekannt, berühmt	nicht schlecht
vorbestraft	nicht gewalttätig
blass, markantes Gesicht	mangelhafte Erziehung

nicht reuig	gut trainiert
klein, schmächtig	stiehlt nicht von Armen
bescheiden, höflich	schlechtes Elternhaus
«verlorener Sohn»	erblicher Vagabund
turnerische Gewandtheit	gemeingefährlich
nicht harmlos	unehelich
schwächlich	verdingt
kühn und frech	humorvoll
rückfällig	Wille zur Besserung
weinend	hat Liebesglück
geborener Verbrecher	klein, gut gebaut
viele Pseudonyme	gewandt
bewaffnet mit Revolver	bewaffnet, Revolver zum Verkauf
raffiniert	«Handwerk» weiter ausüben
stiehlt auch von Armen	«Schädling» an Gesellschaft
ganz gemeiner Verbrecher	Verhältnis mit verschiedenen Mädchen
unverbesserlich	uneheliches Kind
unstetes Leben	primitives Werkzeug
Dieb nicht aus Not	«schuldig» an allen Diebstählen in GR

DAS URTEIL

Johann Stoffel scheint sich nach der Zürcher Verhaftung von 1930 zu einem wahren Mustergefangenen zu entwickeln. In einem Brief aus Regensdorf an das Churer Kantons-Verhöramt bittet er um die Nachsendung von Effekten, nicht ohne recht devot hinzuzufügen:

Sehr Geehrter Herr Docktor ich bitte Sie auch mir meine Dummheiten mit denen ich Ihnen u. dem Herrn Verwalter so viel Unangenehmes bereitet habe zu verzeihen ich muss es jetzt ja auch sehr hart büssen aber ich werde nun durchhalten u. dafür nachher ein anderer Mensch werden.[101]

Kurz vor dem Churer Prozess von 1931 schreibt Stoffel an seinen Verteidiger. Er gibt einen Einblick in seinen Lebenslauf und zeigt Reue:

Kantonale Strafanstalt
Regensdorf, den 15. Februar 1931

Direction

Name des Absenders: Stoffel Hans
Trag-Nr. 28
Herrn Dr Mirer
14. Feb. 1931
Rechtsanwalt
Chur

Sehr Geehrter Herr Doctor!
Da vergangene Woche die Vorladung zur Hauptverhandlung angekommen ist fühle ich mich genötigt Ihnen vorher noch zu schreiben u. Sie einwenig mit meinem Vorleben vertraut zu machen ich habe zwar vor Jahren eine Lebensbeschreibung geschrieben die ja wohl auch jetzt bei den Akten ligt aber ich gab mir damals nicht sonderlich Mühe mit eben dieser Lebensbeschreibung. Auch über den Grund warum ich aus der Strafanstt. in Chur entwichen bin möchte ich Sie aufklären ich werde zu diesem Zwecke auch die Briefe meiner Braut mitbringen da ich glaube das wenn man diese gelesen hat man mich eher begreift ich weiss ja ganz genau das ich mich nicht weiss waschen kann ich will dies aber auch nicht ich möchte nur das man mich nicht nur nach den Vorstrafen u meinen Delikte

die ich jetzt begangen habe beurteilt ich möchte das man auch den Menschen in mir sieht der auch ein fühlendes Herz im Leibe hat. Was habe ich den von all dem Geld alles habe ich an dieses Mädchen hingelängt. Sie werden sich sagen das ist keine Entschuldigung heute würde ich es ja auch nicht mehr tun da es aber nun schon geschehen bitte ich sie flehendlich helfen sie einem armen Menschen das man nicht ganz verdammt. Meine Mutter wird Ihnen auf jedenfall auch noch schreiben. Sie wird ihnen dan auch sagen wie ich alles an dieses Mädchen hingeopfert habe denn Sie hatt an meisten darunter zu leiden gehabt.[102]

Drei Tage später legt sich auch Stoffels Mutter mit einem rührend naiven Brief an den Gerichtspräsidenten für ihren Sohn ins Zeug. Auffallend ist, dass der Brief in einer gestochen scharfen Schönschrift abgefasst ist, die in krassem Gegensatz zu Aufbau und Rechtschreibung steht. Möglicherweise ist ihr jemand buchstäblich zur Hand gegangen:

Zürich den 18 Februar 1931
Sehr Geherter Gerizbresitent
Wie ich aus Regenztorf gehört habe komd mein Armer Sohn vor Gericht u. Hoffe das Sie doch noch noch ein gutes Härz haben für mein Armen jungen. Und nicht so strenge Urteilen. Er hat sich vest Vorgenommen ein andere Mensch zu werten. Ich war an Weinachten bei Ihm in Regenztorf Die Leute da haben mir auch die beste hoffnung gemacht. Und sagten mir Sie wären so zufriden mit ihm er halde sich sehr gut. Und somit bitte ich Sie einwenig human zu sein so gut es geht. Das Medchen hat den jungen ganz runter gebrach
Ich bin eine aleinstehende Frau die ihr Brot sauer verdienen muss und doch noch eine Stüze haben könde an dem Kinde. Ich muss Ihnen offen gestehen das der junge nicht schuld ist er hatte auch nie keine richtige Heimat gehab hat er war immer verstossen nicht von mir sonter von meinem Mann. Und der war selbst nicht recht gewessen es ist wirklich traurig das es so ist aber ich bette alle tage zum lieben Gott das das arme Kind wieder eine antere Sinug bekomd. Er schreibt mir selbst wenn er die zwei Jahre nur hätte machen können so hätten sie sehen könen das er doch ein anderer Mensch geworden wäre. Ich hoffe doch das die Herren doch nicht zu Strenge handel. Und ein Armes Mensch nicht ganz vernichten. Unser liebe Gott verzeit

uns allen Menschen. Es war wirklich imer ein Unglüks Kind er ist wirklich nicht selbst schuld es ist sehr ein gutes Härz. das ich mein Kind in solchen schweren Zeiten nicht im Stiche lassen kann. Er ist jetzt 31 Jahre alt aber ich habe das erste böse Wort zu hören von dem jungen. Und darum könen sie mich begreiffen das ich mein Kind in solchen schweren Zeiten nicht im Stiche lasen kann. Mein Sohn habe ich wirklich sehr lieb weil ich sein Härz kenne. Unser liebe Gott verzeid dem grössten Sünter. Um somit bitte ich Sie auch uns zu helfen das ich noch eine Stüze an meinem lieben Sohn haben kann ich bin Ihnen ewig tankbar dafür. Der Junge wäre in [?] auch nie durch gegangen wenn das Metchen nicht gewessen wäre und so an der gehangen hätte Er hatte das Metchen unbeschreiblich lieb gehabt. Und stat das Metchen Ihn abgehalten hat, hat sie noch mitgeholfen. das ist eben das traurige von allem. Ich habe wirklich ein trauriges Jahr hinter mir. Ich weis wirklich nicht wo ich das vertint habe ich Arbeide doch alle Tag. Glauben sie mir ich würte mein leben für mein Sohn geben wenn das nicht basirt wäre. Nemen Sie doch ein bischen rüksicht auf seine alte Mutter. Ich bin so schon immer nicht gesund. Seit den Fall. Also einen innigst härzlichen tank zum voraus von seiner schwer gebrüften Mutter
Frau Kahtarina Stoffel Schärer Freischützgasse 4 Zürich 4

Stoffel trifft also gemäss seiner Mutter keine Schuld, vielmehr liege diese bei seiner Heimatlosigkeit und einem nicht benannten «Metchen». Die junge Frau unterstützte ihn bei den Delikten, anstatt ihn davon abzuhalten.[103]

Während der Gerichtsverhandlung bricht Stoffel dann mehrmals in Tränen aus, gelobt Besserung und ein neues Leben. Er verzichtet auf seine Anwesenheit bei der Urteilsverkündigung, worauf er sofort abgeführt wird. «Hr. Stecher von der Automobilkontrolle bringt den Angeklagten per Auto und zwar in raschem Tempo in den Sennhof.»[104] Fast scheint es so, als ob man mit allen Mitteln eine dritte Entweichung vermeiden will.

Das Urteil wird am 26. Februar 1931 verkündet:

Wegen wiederholten ausgezeichneten Diebstahls wird Johann Stoffel zu 2 ½ Jahren Zuchthaus und nach Verbüssung der Strafe zu 5 Jahren Einstellung in den bürgerlichen Rechten verurteilt. Stoffel hat für sämtliche Kosten aufzukommen.[105]

Stoffel hat auch acht Monate in Glarus und zweieinhalb Jahre in Zürich zu verbüssen, es sind also «Spesen» in Zürich zu begleichen, ein «Wörtlein» in Glarus zu besprechen, bis dann «der verlorene Sohn» endlich in «väterlichen Gewahrsam» kommen wird.[106]

Der Berichterstatter des *Bündner Tagblatts* fasst seine Eindrücke zusammen: «Wieweit die Gefühle des Angeklagten echt sind, ist schwer zu ermessen. Wahrscheinlich mischt sich auch hier Aufrichtiges mit Falschem, bewusstes Spiel mit Wallungen echter Reue. Aber selbst wenn die Reue voll aufrichtig ist, wird Stoffel je die Kraft haben, ein anderes Leben zu beginnen?»[107] Dieser entscheidenden Frage geht das nächste Kapitel nach.

Der Schneidermeister

Johann Stoffel wird nach dem Churer Prozess von 1931 ohne Verzug nach Regensdorf gebracht. Dort wird er, wie es sich bereits zuvor angedeutet hat, als Mustergefangener bezeichnet: Einerseits leistet er Sühne für die begangenen Taten, andererseits nimmt er die Angebote im Gefängnis wahr, die in Richtung Resozialisierung zielen. Er absolviert unter anderem eine Schneiderlehre, die ihm nach der Entlassung nützlich sein wird.

Stoffel fällt nun aus dem Fokus der öffentlichen Aufmerksamkeit. Von den kommenden, viel ruhigeren Jahren ist wenig bekannt. Es scheint so, also ob Stoffel nach der Entlassung aus der Strafanstalt in Regensdorf Arbeit im Kanton Schaffhausen findet. Dort lernt er auch seine künftige Ehefrau kennen, die er 1937 heiratet. Wie und ob er und seine Familie Anschluss im kleinstädtischen Schaffhausen finden, wissen wir nicht, ebenso wenig, ob seine kriminelle Vergangenheit seinem neuen Umfeld bekannt ist.

VOM GEFANGENEN ZUM UNTERNEHMER

Dass Stoffel auf dem «richtigen» Weg ist, bescheinigt der Direktor der Strafanstalt Regensdorf bereits vier Tage vor dem grossen Prozess von 1931.

Dr. Heusser schreibt an Dr. Mirer, Stoffels Verteidiger in Chur:

Sehr geehrter Herr Dr., die Mutter des Stoffel Johann, von Vals, geb. 1899, Sattler, ersucht mich Ihnen ein Zeugnis über das bisherige Verhalten des St. in der Strafanstalt zukommen lassen zu wollen. Die Führung des Stoffel war bis heute eine durchaus einwandfreie. Er erlernt hier den Schneiderberuf und hat auch in der Anstaltsschule verschiedene Fächer belegt. Seine Leistungen sind befriedigend. Die ganze Einstellung des St. zum Strafvollzug darf als eine günstige bezeichnet werden, sodass auf eine nachhaltige Besserung gehofft werden kann.[108]

Es scheint 1931 in Regensdorf eine ganz eigene Mischung aus archaischen Anspracheformen und potenziell fortschrittlichen Resozialisierungsabsichten zu bestehen. So werden einerseits die Insassen noch jahrzehntelang mit ihrer «Tragnummer» angesprochen, andererseits können sie Kurse belegen und gar eine Berufsausbildung nachholen, damit sie nach ihrer Entlassung eine Qualifikation vorweisen können. Von 1929 bis 1947 amtet Otto Heusser als Gefängnisdirektor, besser bekannt als rechtsbürgerlicher Scharfmacher während des Generalstreiks von 1918. Sehr viel milder als dessen Ruf zeigt sich das hier folgende, undatierte Papier ohne Autorenangabe aus den 1930er- oder frühen 1940er-Jahren zur «Entlassenenfürsorge»: «Wir sind bei unseren Bestrebungen da und dort in der Öffentlichkeit auf Widerspruch gestossen. Falsch wäre es aber, wenn der Bürger glaubte, wir strebten eine Pension für Kriminelle an. [...] Es geht uns daher alleine darum, all jene Massnahmen auszumerzen, die den Entgleisten demütigen und ihn über sein hartes Schicksal hinaus in eine Trotzstellung bringen. Wir wollen verhindern, dass der Gefangene als Feind der Gesellschaft die Strafanstalt verlässt. Der Gefangene muss zur Überzeugung kommen, dass er durch Verbüssung seiner Strafe wieder seinen Frieden mit der Gesellschaft gemacht hat und vor sich selbst auch wieder achtungswürdig geworden ist.»[109] Die folgende Darstellung dürfte auch, mit wenigen Unterschieden, für Johann Stoffel zutreffen: «Wir können mit Genugtuung auf diesem Gebiet gewisse Erfolge registrieren. So gelang es uns, einen vielfach Vorbestraften, der während seiner letzten fünfjährigen Freiheitsstrafe einen Reifeprozess durchmachte und im Gegensatz zu früheren Internierungen grossen Fleiss und eine bemerkenswerte Stetigkeit in seinen Arbeitsleistungen zeigte, und über dies alles, was er verdiente, seiner Familie zukommen liess, in einer Vertrauensstelle in einem grösseren Betrieb zu plazieren. Dies war möglich dank der Grosszügigkeit des Personalchefs dieser Firma, der sich anlässlich einer Anstaltsbesichtigung eingehend für die Probleme der Entlassenenfürsorge interessierte.»[110]

Solche Überlegungen sind allerdings nicht ganz neu; gerade für die 1901 eröffnete Strafanstalt Regensdorf. Bereits die Vollzugsverordnung von 1903 postuliert die gesellschaftliche Wiedereingliederung der Gefangenen nach ihrer Entlassung als wichtiges Ziel.[111]

Der Strafvollzug ist im Grundsatz zweiteilig: zum einen die Sühne, die Vergeltung für das begangene Unrecht also, zum anderen die Resozialisierung mit dem Ziel der Wiedereingliederung in die Gesellschaft. Im Laufe der vergangenen Jahrzehnte ist der Schwerpunkt immer mehr auf die Resozialisierung zu liegen gekommen. Dabei bleibt das Thema ein Dauerbrenner. «Welchen Stellenwert hat die Resozialisierung im Strafvollzug?», fragt etwa die *Schweiz am Wochenende* auch noch 2019 und zitiert Artikel 82 des Strafgesetzbuches: «Dem Gefangenen ist bei Eignung nach Möglichkeit Gelegenheit zu einer seinen Fähigkeiten entsprechenden Aus- und Weiterbildung zu geben.»[112] Fast ein Jahrhundert vorher scheint Johann Stoffel also – zumindest gemäss dem Zeugnis des Gefängnisdirektors – gewillt zu sein, die Chancen zu ergreifen, die ihm nach der Entlassung das häufig erwähnte «neue Leben» oder «andere Leben» als «anderen Menschen» ermöglichen.

Allerdings fehlen Angaben, welche die folgenden, konkreten Schritte hinaus ins Leben aufzeigen. Es ist bekannt, dass Johann Stoffel bei der Urteilsverkündigung am Churer Prozess nicht anwesend sein will. Bereits am 25. Februar 1931 wird er nach Regensdorf abtransportiert.[113] Dann wird es sehr viel leiser um ihn. Von mehr oder weniger goutierten «Streichen» gibt es nicht mehr viel zu berichten. Das folgende, kleinbürgerlich-korrekte Handwerkerleben eines Haftentlassenen bietet kaum lohnenden Stoff. Das nächste, zweifelsfrei vorliegende Datum ist der 22. Oktober 1937, als Stoffel im schaffhausischen Thayngen die einheimische

Ruth Stamm heiratet. Das einzige Kind des Paares, Tochter Gerdy, kommt 1943 zur Welt.

Das zweite Leben Stoffels ist sehr viel magerer dokumentiert als das abenteuerliche erste Leben. Zeitungsberichte und Archivmaterialien sind rar. Es bleibt als Ersatz der Rückgriff auf Interviews: Da nur noch sehr wenige Interviewpartnerinnen und -partner Stoffel persönlich gekannt haben, stammen die Informationen meist aus zweiter Hand. Unbeantwortet bleiben Fragen, welche die Jahre zwischen 1931, dem Churer Prozess also, und der Thaynger Heirat von 1937 betreffen. Nach dem Churer Urteil hat Stoffel drei verschiedene Haftstrafen hintereinander abzusitzen: zwei restliche Jahre einer zweieinhalbjährigen Strafe in Regensdorf, acht Monate in Glarus und zuletzt die zweieinhalb Jahre in Chur.[114]

Das sind mehr als fünf Jahre Gefängnis im Zeitraum zwischen dem Urteil Ende Februar 1931 und Oktober 1937, dem Heiratsdatum. Es bleibt also Stoffel für das Kennenlernen von Ruth Stamm, die Werbung und die Heirat ein Zeitfenster von nicht mehr als gut eineinhalb Jahren. Dieses könnte grösser ausgefallen sein, wenn die Haftmonate wegen guter Führung beispielsweise reduziert worden sind. Dafür fehlt aber jeder Hinweis. Dass die Strafen in Glarus, Graubünden und Zürich nicht miteinander, sondern nacheinander in Regensdorf zu absolvieren sind, wird überall, regelmässig und ausdrücklich betont.

Wie der frischgebackene Schneider Johann Stoffel an den Nordrand der Schweiz gelangt ist, weiss man nicht. Tochter Gerdy meint heute, dass ihr Vater möglicherweise auf Arbeitssuche nach Thayngen gelangt sei und dort eine Anstellung in der Schneiderei Weber gefunden habe. Auch habe er mit seinem kontaktfreudigen Naturell wohl rasch Bekanntschaften geschlossen, so auch mit Ruth Stamm. Deren Vater betreibt eine Korbflechterei und eine Rohrmöbelfabrik, die Mutter ist Inhaberin eines kleinen Lebensmittelladens, der sich unten im Haus befindet.[115] Im Adressbuch

Johann Stoffel (links) 1946 im Kreis der Familie. Seine Gattin Ruth sitzt rechts, die kleine Gerdy steht neben ihr.

von Stadt und Kanton Schaffhausen von 1939 ist Stoffel als in Schaffhausen wohnhaft erwähnt, am Rathausbogen 9. 1942 lässt er sich im benachbarten Dorf Herblingen nieder, arbeitet aber weiter selbstständig in Schaffhausen, wie dem Protokollband der Herblinger Niederlassungsbewilligungen von obigem Jahr zu entnehmen ist.[116] Stoffel inseriert häufig in den *Schaffhauser Nachrichten,* sei es, um seine Erzeugnisse anzupreisen oder um geeignetes Personal zu suchen. Das Schneidergeschäft findet sich nacheinander in verschiedenen Liegenschaften: Schifflände, Freier Platz 3, Vorstadt 15. Die detaillierte Branchenbezeichnung ändert sich im Laufe der Jahre etwas und ist wohl auch Zeichen einer beginnenden Expansion. Zu Beginn heisst es schlicht «Herr H. Stoffel, Schneider», später «H. Stoffel, Massgeschäft», «H. Stoffel, Mass-Atelier», «Stoffel und Müller, Mass und Konfektion» oder «Massschneiderei Stoffel & Müller».

Eine Personalsuche in den *Schaffhauser Nachrichten* vom 24. Juni 1944 lautet zum Beispiel: «Gesucht eine Ausbildungstochter auf Damenmäntel und Tailleurs, sowie eine Lehrtochter in Damen- und Herrenschneiderei, sowie einige Mädchen oder Frauen zum anlernen, bei bester Bezahlung. Ebendaselbst zu verkaufen ein fast neuer Stubenwagen, ganz modern, nicht umkippbar. H. Stoffel, Freier Platz 3.»

1947 zieht auch das Geschäft nach Herblingen um. Stellt man auf die zahlreichen Stelleninserate ab, scheint die Firma zu florieren: «Gesucht Hosenmacher(in) für Atelier oder Heimarbeit. – Ferner 1–2 Näherinnen Solche, die in ähnlichen Betrieben gearbeitet haben, erhalten den Vorzug. – daselbst wird Lehrtochter auf Kleinstücke engagiert. A. Stoffel, Uniform-Schneiderei, Herblingen, Autobus-Haltestelle Sandlöchli, Telephon 5 55 01»[117]

In einer Werbeanzeige von 1951 wird klar, dass Stoffel für seinen Betrieb eine Nische gefunden hat. Er empfiehlt sich für die Anfertigung von «Offiziers-, Polizei-,

CENTRALVERBAND SCHWEIZ. SCHNEIDERMEISTER C.S.S.

Meisterprüfungs-Zeugnis

Herr Stoffel Hans, Vals/Graub. geb. 1899

von Schaffhausen

hat sich der Meisterprüfung im Herrenschneiderhandwerk

vom 12. bis 17. Januar 1951 in Basel

unterzogen und die Prüfung mit Erfolg bestanden

Zweiter im Rangklassement mit einem Durchschnitt von 1,58

PRÜFUNGSBEFUND · FACHNOTEN

A. Berufskundliche Fächer		B. Geschäftskundliche Fächer	
1. Zuschnitt	1.5	1. Geschäftskorrespondenz	1
2. Praktische Arbeiten (doppelt gezählt)	2	2. Buchführung und Kalkulation	1.5
3. Material- und Warenkunde	1.5	3. Rechtskunde	2

Durchschnittsnote sehr gut bis gut

Basel, den 17. Januar 1951

FÜR DIE MEISTERPRÜFUNGS-KOMMISSION:

Der Präsident: Der Sekretär:

NOTENWERTE: 1 = sehr gut, 2 = gut, 3 = genügend, 4 = ungenügend, 5 = wertlos.

Zeugnis der bestandenen Meisterprüfung von Johann Stoffel, 1951.

Musik- und Feuerwehr-Uniformen. Lieferung sämtlicher Uniformabzeichen und -Effekten. Vertragslieferant der Kantonalen Brandassekuranzanstalten».[118] Bereits ein Jahr vorher ist von einer «Uniform-Fabrik» die Rede, und am Mutzentäli 175 wird regelmässig ausgebaut. Im Besitz der Familie ist das Diplom des «Herr Stoffel Hans, Vals/Graub. geb. 1899» zur 1951 erfolgreich bestandenen Meisterprüfung zum «Herrenschneiderhandwerk».[119]

«GESCHAFFT!»

Die Jugendjahre Johann Stoffels in Vals verlaufen nicht erfreulich. Man könnte deshalb vermuten, dass er später nichts mehr mit dem Dorf zu tun haben will. Das Gegenteil scheint aber der Fall zu sein. Anstatt sich zu verstecken und zu hoffen, dass ihn möglichst niemand als den ehemaligen Ein- und Ausbrecher erkennt, wählt er eine offensive Strategie. Nicht ohne Vergnügen zeigt er gerne allen, dass er es geschafft hat, entgegen den Stimmen, die ihn noch 1931 vor Gericht als unverbesserlich taxiert und seine Verwahrung gefordert haben.[120]

Frau Agnes Gartmann-Gort ist heute eine der ganz wenigen Valserinnen und Valser, die Stoffel noch persönlich und bewusst erlebt haben.[121] Sie arbeitet 1953 als Serviertochter im Restaurant Edelweiss. Stoffel kommt mindestens zweimal im Jahr von Schaffhausen nach Vals und bleibt jeweils drei bis vier Tage. Er verkauft an einem Stand oder aus einem Anhänger mit Schaufenster auf dem Dorfplatz vor allem Arbeitsbekleidung und Textilien für den Hotelbedarf – kein schlechtes Geschäft in den Jahren des Kraftwerkbaus. Auch geht er von Restaurant zu Restaurant mit seiner Ware. Er übernachtet meist im «Alpina», dem wohl besten Haus am Platz. Den Schlummertrunk nimmt er jeweils im «Edelweiss» zu sich. Frau Gort (die spätere Frau Gartmann) ist 1953 erst seit Kurzem in Vals und kennt die alten Geschichten, die mehr als zwanzig Jahre zurückliegen, und auch Johann Stoffel nicht. Dass der Herr in der Gaststube Stoffel heisst, schnappt sie auf und wünscht ihm so «Gute Nacht», als die Gaststätte schliesst. Ein «netter Herr», findet sie, «unscheinbar», «nicht gross», «sehr sympathisch», «intelligent», ein «super Geschäftsmann, der eine Fabrik aufgebaut hat».[122]

Einmal müssen sie auf den Hausbesitzer warten, da fragt Stoffel: «Sie, Fräulein, wissen Sie überhaupt, wer ich bin? Stoffel bin ich nämlich schon, aber der Ein- und Ausbrecher Stoffel.» Dann erzählt er, er sei ein «Luuscheib» gewesen, in Valé oberhalb des Dorfkerns «mausarm» aufgewachsen, Vater unbekannt. Frau Gort gefällt vor allem die Offenheit dieses «hochinteressanten» Mannes, der ihr allerlei Streiche beschreibt, die er früher begangen hat, unterdessen aber bereut. Geblieben ist sein Hass auf die Reichen, vor allem wenn sie nichts an die Armen abgeben. «Reden konnte er gut», berichtet Frau Gort weiter. Auch andere Quellen erwähnen seine Eloquenz. Damit spielen sie auf eine Fertigkeit an, die für einen Dieb, der keine Gewalt anwendet und auf anderen Wegen zum Ziel kommen muss, überaus wichtig ist. Es fällt Frau Gort auch auf, dass Stoffel immer schön, «als richtiger Herr», gekleidet ist, ohne Zweifel ebenfalls eine vertrauensbildende Massnahme.[123]

Eine gute Gelegenheit für Stoffel, sich gegenüber der Gemeinde als unterdessen arrivierter und grosszügiger Herr zu zeigen, der keinen Groll mehr gegenüber seinem Geburtsort hegt, ergibt sich bei der Neuuniformierung der Musikgesellschaft.[124] Wie in den meisten Dörfern stellt die Blasmusik auch in Vals einen zentralen Pfeiler des Dorflebens dar. Umso wichtiger ist – neben der Musik natürlich – eine schmucke Uniform. Die 1913 gegründete Musikgesellschaft scheint nicht auf Rosen gebettet zu sein. Laut Protokollbuch leistet man sich 1952 immerhin als Gebrauchtware die alten Uniformen der Musikgesellschaft Falera. 1956, nur vier Jahre später, spricht man von einer ganz neuen Anschaffung. «Durch einige initiative Musikanten gerieten wir kurz nach der Jahresversammlung in die Diskusion, über Neuuniformierung unseres Vereins. Schon am 20. Nov. zeigte uns der Fabrikant Hans Stoffel einige Muster, die uns alle begeisterten. Schon am 26. Nov. in der Übung konnten wir uns zu diesem neuen Angebot entschliessen. Obwohl die Preislage sehr günstig, so war dies ein gewagter Schritt. Die Durchführung einer Tombola erschien uns als angebracht.»[125] Die Neuuniformierung kostet laut Kassabuch in zwei Zahlungen insgesamt 3300 Franken. Eine Rückfrage bei einem Herrenschneider ergibt, dass dieser Betrag auch 1956 unterhalb eines jeden Marktpreises liegt.[126] Interessant ist die obige Betitelung Stoffels als «Fabrikant Hans Stoffel», die etwas kühl anmutet für eine Person, die wohl recht vielen noch bekannt ist. Stoffel macht die Neuuniformierungsfeier am Sonntag, dem 6. Mai 1956, mit seinem überaus günstigen Ankaufspreis überhaupt erst möglich. Man darf wohl annehmen, dass das Prestige des ehemaligen Ein- und Ausbrechers, des unehelichen Verdingbuben, damit stark steigt.

Stoffels Tochter Gerdy kann sich erinnern, dass ihr Vater gerne Bargeld gezeigt hat, etwa auf der Bank oder wenn er im Zeughaus für eine Uniformlieferung ausbezahlt wurde. Die Tochter interpretiert wohl richtig, wenn sie meint, ihr Vater wollte damit zeigen, dass er es «zu was gebracht» habe.[127] In die gleiche Richtung zielt das Fotoalbum der Familie. Auf zwei Aufnahmen aus den 1940er- und 1950er-Jahren sind schicke schwarze Autos zu sehen. Das eine, ein Citroën, zeigt seitlich Herrn und Frau Stoffel-Stamm. Die Gattin überragt den Gatten deutlich. Auf der anderen Fotografie sieht man einen Mercedes, der als Zugmaschine einem Wohnwagen vorgespannt ist. Die Botschaft ist klar: Man hat es geschafft, man kann sich etwas leisten.

Nach Angaben der Tochter sind die 1950er- und 1960er-Jahre die beste Zeit der Uniformenfabrik, mit bis zu 15 Angestellten, die – je nach Auftrag – nur nähen oder auch schneidern. Dazu gehören Lehrlinge und Mädchen in der Anlehre. Grösster Kunde ist die Armee. Nach dem altersbedingten Rückzug von Johann Stoffel führen ab 1968 Tochter und Schwiegersohn den Betrieb bis 2002 weiter.

Johann Stoffel stirbt am 7. April 1970 in Schaffhausen. Er hat vom populären Dieb zum diplomierten Schneidermeister einen weiten Weg zurückgelegt.

Die Fotografie zeigt das Wohnhaus mit dem angegliederten Atelier, das regelmässig ausgebaut wird. Aufnahme wahrscheinlich aus den 1950er-Jahren.

In den 1950er- und 1960er-Jahren floriert die Uniformenfabrik, bis zu 15 Angestellte nähen und schneidern im Atelier.

Citroën ZH 837, seitlich das Ehepaar Stoffel-Stamm, 1940er-Jahre.

Mercedes SH 244 mit angehängtem Wohnwagen, um 1958. Die Familie kampiert häufig in Mammern am Bodensee.

Die Legende

Die Figur des Johann Stoffel fasziniert. Es entsteht schon früh ein eigentlicher Kult um seine Person. In bunter Folge wechseln sich Tatsächliches, Wahres, Halbwahres, Gerüchte, Abgeschriebenes, Übertriebenes, Widersprüchliches und offenkundig Falsches ab. Die Presse liefert regelmässig neue und erheiternde Episoden, «Stoffelmärchen und Stoffelwitze». Sie rätselt genüsslich, wohin wohl der Schlingel sich nach der Flucht aus dem «Sennhof» verkrochen hat. In dieser medialen Aufregung glaubt die Bevölkerung, Stoffel überall zu sehen, sogar gleichzeitig an verschiedenen Orten.

Die wenigsten dieser Erzählungen sind schriftlich überliefert; sie stammen sehr häufig aus zweiter Hand, vom Hörensagen, aus Interviews, aus Gesprächen zu Hause oder im Wirtshaus. Nicht selten fällt auf, dass die Angaben im Laufe der Zeit – wohl ohne Absicht – kleine oder grössere Änderungen erfahren. Fast immer jedoch machen sich die Leute ein Vergnügen daraus, die Polizei in die falsche Richtung zu lotsen. Nahe liegt der Vergleich mit Robin Hood, der bekanntlich von den Reichen nimmt und den Armen gibt. Stoffel tut dies (zumindest der Legende nach) ebenfalls, behält die Beute aber nicht selten auch für sich, etwa um seine Neigung für elegante Kleidung ausleben zu können.

Offenbar ist um 1930 ein Theaterstück mit Stoffel als Held entstanden,[128] das aber heute leider verschollen ist. Es bleiben vor allem das Jugendbuch «La fuigia dil Stoffel» von Theo Candinas, erschienen 1971, sowie «Reise ans Ende der Welt» von Pascal Beer, ein Roman aus dem Jahr 2017, in dem die Vita von Johann Stoffel künstlerisch verarbeitet wird.

Im Folgenden soll ein Blick auf Stoffels Leben und Nachleben als Legende geworfen werden. Dies auch mithilfe von Erzählerinnen und Erzählern, die Stoffel nicht mehr persönlich gekannt haben.

DER «STOFFELKULT»

Der vom *Bündner Tagblatt* geprägte Begriff «Stoffelkult» ist recht zutreffend. Nicht selten sind es erstaunliche und lustige oder gar wunderbare Geschichten und Zuschreibungen, die sich zum Gesamtbild eines Medien- und Gesellschaftsphänomens fügen und Stoffel zur Kultfigur emporstilisieren.

Zum Schmunzeln regt folgende Zeitungsnotiz an:

In der von Stoffel besuchten Villa in St. Moritz, woselbst ihm 1000 Fränkli in die Hand fielen, hinterliess er einen Zettel des Inhaltes: «Den Betrag von 1000 Fr. als unverzinsliches Darlehen richtig erhalten und seinen Bedarf für einen Monat als Lebensunterhalt gedeckt zu haben, bescheinigt hochachtungsvollst Stoffel».

Schon fast subversiv ist der Titel, unter dem die obige Nachricht steht: «Lustiges vom Ein- und Ausbrecher Stoffel».[129]

Eine fast wortgleiche Notiz erscheint in der *Neuen Bündner Zeitung*, samt einer wenig präzisen Quellenangabe «nach Unterländer Blättern». Auch hier wird einmal mehr von der genarrten Polizei berichtet:

Da und dort passiert's im Lande herum in der Eile und Aufregung, dass der Lätze für den Echten gehalten wird. Aus Urmein wurde letzten Freitag der Polizeiposten Thusis avisiert, dass man den Stoffel in Urmein erkannt habe und dass er, mit einer Windjacke bekleidet, auf einem Fahrrad den Berg hinunter gefahren sei. Sofort fuhr die Polizei im Automobil dem gefährlichen Kerl entgegen und konnte unterhalb Masein den Mann mit der Windjacke auf dem Fahrrade arretieren. Aber leider war es wiederum nicht der Stoffel – sondern ein biederer Geschäftsreisender aus Chur.

Zwei weitere Anekdoten erscheinen in der gleichen Nummer unter dem Titel «Stoffelmärchen und Stoffelwitze»:

Als Stoffel nach seinem Entweichen aus dem «Sennhof» nur in Hemd und Hosen schweisstriefend angetroffen wurde, gab er auf Befragen die Antwort, er trainiere für das Rennen «Quer durch Chur». – Am abendlichen «Stamm» meinte ein Witzbold: «Der Stoffel, das gäbe einen Steuerkommissär, der weiss, wo man das Geld holt.»[130]

Geradezu bizarr erscheint dann der Fluchtversuch beim und im St. Annahof in Zürich: Wie ein gefesselter Stoffel so präzise mit Seifenpulver die Augen des Polizisten treffen und ihn für einen Augenblick blenden kann, bleibt allerdings rätselhaft. Trotzdem wird diese Räubergeschichte vielfach abgedruckt, ganz in der Art einer Wandersage mit allerlei Änderungen oder Zusätzen. So ist es in einer Schierser Erzählung nicht mehr Seife, sondern Sand:

Kaum hatten die beiden die Strasse vor dem Gerichtsgebäude erreicht, bückte sich St mit einem kräftigen Ruck, nahm eine Handvoll Sand von einem dort liegenden Sandhaufen und warf ihn C in beide Augen. Als sich C die Augen rieb, entkam ihm St und verschwand mit einem Mann, der dort auf ihn gewartet hatte.[131]

Auch der *Il Grigione Italiano* trägt seinen Anteil zur Legendenbildung bei. Zum «famigerato eroe nazionale», also zum übel beleumdeten «Nationalhelden», weiss dieses Blatt als einziges zu berichten, dass Stoffel zugestanden wird, seine Mutter zu besuchen, bevor er ins Gefängnis muss. Auch hier folgt unvermeidbar der blendende Wurf, diesmal nicht mit Seifenpulver, sondern mit «polvere», also Dreck oder Sand. Dass Stoffel verzweifelten Widerstand leistet und mit einem geladenen Revolver versehen ist, wird allerdings sonst nirgends berichtet.[132] Fast scheint es, als ob dem Puschlaver Redaktor die Fantasie durchgegangen sei.

VOM HÖRENSAGEN

Klassische Quellen zu Stoffel für seine hohe Zeit als Ein- und Ausbrecher um 1930 sind reichlich vorhanden, vorwiegend im Staatsarchiv Graubünden oder in Zeitungen. Diese Kategorien liefern aber mit den Jahren immer weniger Informationen, zum einen, weil Stoffel – der inzwischen kleinstädtischer Textilunternehmer geworden ist – kaum mehr ein dankbares Thema darstellt, zum anderen, weil Zeitzeugen wegsterben. Zum Zeitpunkt meiner Recherchen in den Jahren 2015 bis 2019 finde ich in Vals, Chur und Schaffhausen nur noch drei Personen, die Johann Stoffel persönlich gekannt haben.[133] Darum kommen hier Personen zu Wort, die wenigstens aus zweiter Hand zusätzliche Informationen zu Stoffel geben können, etwa in Interviews. «Vom Hörensagen» meint, dass man etwas nicht persönlich gehört oder erlebt, sondern etwa in der Familie oder am Wirtshaustisch erfahren hat.

Gaudenz Schmid etwa wuchs in Grossbruggen am Rande der Stadt Chur auf. Er erlebte Stoffel nicht mehr persönlich, weiss aber, dass dieser zu Hause ein Thema war. 1930 habe der Bündner Landjäger Walch Stoffel in Zürich gesucht, da er diesen kannte. Schliesslich konnte er den

Ausbrecher fassen, Stoffel aber sei aus der Jacke geschlüpft und entkommen.[134] Nach Schmids Erinnerung heiratete Stoffel «gut» nach Zürich und unternahm etwas mit einer Stoff- oder Uniformenfabrik. In den 1950er-Jahren habe er sich wahrscheinlich für die Neuuniformierung der Bündner Kantonspolizei beworben, wurde aber nicht berücksichtigt, was angesichts des Ärgers, den er den staatlichen Institutionen jahrelang bereitet hatte, nicht verwunderlich sei.

Vom gegenwärtigen Personal des «Sennhofs» und der Staatsanwaltschaft kann niemand mehr etwas über Stoffel berichten, was über eine Namensnennung hinausgeht. Ein um 1990 pensionierter Fahnder der Bündner Kantonspolizei erinnert sich noch vage, wie «die Alten» vom Kleinkriminellen «Stöffeli» erzählten, der aber nicht bösartig war.[135]

In den folgenden sechs kleinen Abschnitten kommen in geraffter Form Episoden zu Papier, die auch aus zweiter oder gar dritter Hand von Johann Stoffel erzählen.

Nelken
Erzählt haben die Alten im Dorf, immer mit einer gewissen Bewunderung und auch Ablehnung. Von meiner Grossmutter mütterlicherseits kenne ich den Ausdruck «igl Stoffel Lump». Der Begriff deutet eine moralische Minderwertigkeit an, allerdings nicht ganz so drastisch wie heute. Inbegriffen sind auch Begriffe wie «Streich» oder «Schlaumeier» sowie eine Prise Humor.
Die Erzählungen haben stark legendenhafte Züge aufgewiesen, und man hat auch Stoffels Geschicklichkeit und Beredsamkeit bewundert.
Einmal ist Stoffel mit dem Töff nach Waltensburg und Andiast gefahren. Die Dörfer sind menschenleer gewesen, da alle auf den Feldern gewesen sind. So hat er von den Fensterbrettern alle Nelken einsammeln und sie anschliessend in Chur verkaufen können. Meine Grossmutter hat solche Streiche eher lustig gefunden und hat sich auch ein wenig gefreut, dass er hat entkommen können und überhaupt ein schlauer Kerl gewesen ist. In dieser Zeit hat es noch einen anderen gegeben, der etwas krumme Geschäfte gemacht hat, einen «Peter Lump». Stoffel hat die rebellische Seite der Leute bewegt. Einerseits tut er nicht recht, andererseits bewundert man ihn, weil er die Behörden an der Nase herumführt.

[Hans Caprez, Castrisch, Jahrgang 1940, Aufnahme vom 4. April 2017]

Umverteilt

Da haben sie immer erzählt, der ist dann gegangen und hat den Reichen genommen und den Armen gegeben. Der Stoffel hat nicht für sich gestohlen. Er ist ja häufig in den Restaurants gewesen. Ob er bezahlt hat, weiss ich nicht. Er hat dann immer einen Zettel hinterlassen, dass er dort gewesen sei. Er hat ja immer die Polizei zum Narren gehalten. Das ist dann eine grosse Sache gewesen, wenn man gehört hat, dass er wieder was «posget» hat. Den Stoffel hat man eigentlich in Ehren gehabt.

Persönlich habe ich ihn nicht mehr gesehen. Stoffel ist ein grosses Thema gewesen, das ist wichtig gewesen, alle haben dann vom Stoffel erzählt. Er hat da oder dort wieder was gemacht, und alle haben es bedauert, dass man ihn erwischt hat. Er hat ja Gutes getan, wie der Pater Lozza in Marmorera. Der hat ja gefrevelt und das Fleisch unter den Armen verteilt.

Bei uns waren auch die Fahrenden, was manche der Einheimischen benutzt haben, um diesen – wie auch dem Stoffel – alle Vergehen anzuhängen. Über den Stoffel hat man im Dorf erzählt und diskutiert, auch bei Anlässen aller Art ist er ein Thema gewesen, nicht zuletzt bei den Kindern. Sicher hätte man ihn auf keinen Fall der Polizei verraten, ein Verräter hätte es nicht mehr gut gehabt. Ich weiss nur, dass Stoffel umverteilt und die Polizei zum Narren gehalten hat, weil er gemeint hat, die einen haben zu viel, die anderen zu wenig. Angst vor dem Stoffel hat man nicht gehabt, hingegen vor den Gangstern Deubelbeiss und Schürmann Jahrzehnte später.

[Christian Brazerol, Schmitten, Jahrgang 1938, Aufnahme vom 16. Mai 2017]

Bischof
Dann hat er [Stoffel] sich einen Anhänger machen lassen, mit einem Ausstellungsschaufenster. Mindestens während des Kraftwerkbaus ist er jedes Jahr zweimal hochgefahren, einmal im Sommer und einmal im Winter, und hat Kleider verkauft. Einmal sind wir an einem Sonntag «hinderi» gegangen. Sie haben den Bischof erwartet. Wir haben damals einen schwarzen Mercedes gehabt, alle haben auf der Brücke gewartet, und als das Auto erschienen ist, haben alle gekräht: «Der Bischof kommt, der Bischof kommt», aber dann hat einer gesagt, das sei ein heiterer Bischof, das sei ja der «Kleiderhans von Schaffhausen».[136]

[Gerdy Stahel-Stoffel, Schaffhausen, Jahrgang 1943, Aufnahme vom 1. Juli 2015]

Arme

Er [Stoffel] hat mir erzählt, einmal sei er nach Arosa gegangen und habe die Polizei angerufen und gesagt, der Stoffel sei in Arosa. Während die Polizei von Chur heraufkam, hat er sie beobachtet und ist dann mit dem Schlitten nach Chur hinuntergeschlittelt. Er hat auch gesagt, in Chur sei ein Laden gewesen, der Messgewänder verkauft habe. Er hat gesagt, er sei Pfarrer und möchte eins probieren. Da habe der andere gesagt: «Schlüpfen Sie doch mal hinein». Aber Stoffel hat gesagt: «Können Sie das nicht selber tun, damit ich es mal anschauen kann, wie es aussieht an Ihnen?» Da hat der andere sich hinten angekleidet, und dieser [Stoffel] ist vorne mit der Kasse abgehauen. Aber er hat es nicht behalten, er hat alles, was er gestohlen hat, wieder den Armen geschenkt. Wenn er arme Leute gesehen hat, hat er sie ausgefragt und ihnen gegeben, was er vorher gestohlen hat. In Vals, wo so viele Kinder lebten, hat er es ihnen sogar vor die Türe gelegt.

Er hat gesagt, er bereue schon, was er gemacht habe, aber auf der anderen Seite hat er einen irrsinnigen Tick gehabt auf die Reichen, er konnte nicht begreifen, dass es Leute gibt, die den anderen nichts geben. Natürlich hat es auch einen Reiz gehabt, die Polizei zu verarschen.

[Agnes Gartmann-Gort, Vals, Jahrgang 1932, Aufnahme vom 5. Januar 2016]

«Ds Stöffali, das Saumännli»

Tante Klara hat bei Stoffel in Schaffhausen eine Schneiderinnenlehre gemacht. Sie ist Anfang der Kriegsjahre dort hinab, wohl nach dem Ende der Schule, etwa 1941. Sie hat die Lehre nicht abgeschlossen, ihr Vater hat sie nach der Bombardierung von Schaffhausen 1944 nach Vals heimgeholt. Ironischerweise ist kein Jahr später auch Vals von den Alliierten bombardiert worden und musste ebenfalls Tote beklagen. In Vals hat man gewusst vom Vorleben Stoffels, das ist kein Geheimnis gewesen. Die obige Betitelung, die in Vals häufig verwendet wurde, hat zum einen auf Stoffels kleine Statur hingewiesen, zum anderen auf sein raffiniertes Vorgehen. Man hat auf beide Arten von Stoffel geredet, positiv und negativ, ist vor allem erstaunt gewesen, wie der sich «gemacht» hat, er hat ja eine Kleiderfabrik gehabt in Schaffhausen, die er allein aufgebaut hat, was in der Kriegszeit sicher nicht einfach gewesen ist. Schlecht geredet über ihn haben eher wenige. Auch wenn man gewusst hat, was er vorher «geleistet» hat, man hat über das eher geschmunzelt. Man hat gewusst, dass er gestohlen hat, immer ohne Gewalt und Waffen, das ist schon bekannt gewesen. Seine Vergangenheit hat er überhaupt nicht verschwiegen, hat es auch jenen erzählt, die es noch nicht gewusst haben.

Eine Valserin erinnert sich an ihre Gärtnerinnenlehre in Tamins und wie ihre Chefin Stoffe aus Schaffhausen beim Stoffel bestellt hat. Es ist regelmässig ein Vertreter gekommen, von diesem hat sie Nastücher, Stickwaren und auch spezielle Stoffe für die Gärtnerei geordert.

[Ruedi und Theres Peng-Illien, Chur, Jahrgang 1950 und 1960, Aufnahme vom 4. September 2017]

«Abaus»
Manchmal sind Landjäger nach Vals gekommen und haben sich nach Stoffel erkundigt. Da hat man ihn geschützt und die Polizisten in die falsche Richtung geschickt, etwa hinauf in den Brand statt in Richtung Valserberg. Oder als man einmal beim Jossagada am Heuen gewesen ist, ist auf einmal der Stoffel aufgekreuzt, hat tüchtig Zvieri gegessen, nach einer Weile auf die Uhr geschaut und gesagt: «Ich muss fort». «Abaus» eben, «auf und davon». Und prompt sind nach zehn Minuten die Landjäger erschienen. Einmal ist er in das alte «Adula» eingebrochen, aber im vermeintlich reichen Hotel ist gar nichts zu holen gewesen, was Stoffel wiederum leidtat, weil er daraus schloss, dass das Hotel gar nicht so gut dastand. Uns hat man erzählt, Stoffel habe das, was er gestohlen hat, in Chur auf der Gasse verteilt. Von dort kommt auch der Begriff vom Stoffel als modernerem Robin Hood. Bei uns in der Familie ist man fast stolz auf den Hans gewesen und hat ihn bewundert, er ist ja kein Schlechter gewesen. Die Kontakte zu Schaffhausen scheinen nie ganz abgebrochen zu sein. Mindestens eine Valser Familie hat rege Beziehungen zu einem Zweig der Stoffel gepflegt, zu Onkel Hans und Tante Ruth.

[Alois Stoffel, Vals, Jahrgang 1958, und Mathilda Blumenthal-Stoffel, Bern, Jahrgang 1950, Aufnahme vom 25. April 2018]

Bereits um 1930 soll Stoffel Held eines Theaterstückes gewesen sein.[137] Leider ist heute ein solches trotz Nachfrage auch bei den diversen Theaterverlagen nicht mehr aufzufinden.

Johann Stoffel stirbt 1970 in Schaffhausen. Ein Jahr später erscheint in der Ediziun Ligia Romontscha der Text «La fuigia dil Stoffel», die Flucht des Stoffel. Die Erzählung handelt in freier Form von den Streichen Stoffels und richtet sich vor allem an die surselvischen Schülerinnen und Schüler der obersten Primarschule und der Oberstufe. Später erscheint auch eine Übersetzung in das surmeirische und das sutsilvanische Idiom.

Die RTR (Radio Televisiun Rumantscha) bewahrt in ihrem Archiv drei Audiofiles von 1973 und 1974 auf, deren Inhalt folgendermassen zusammengefasst ist:

Krimi; Hörspiel; La Fuigia dil Stoffel. Dem Stoffel, einem Delinquenten, gelingt die Flucht aus dem Untersuchungsgefängnis «Sennhof» in Chur. Gleich in der Nähe befindet sich der bischöfliche Hof. Stoffel entwendet aus einem offenen Schlafgemach die Kleidung eines Geistlichen und beginnt seine Flucht in Richtung Bündner Oberland als katholischer Pfarrer. Nach Erhalt der ersten Almosen reist er weiter, immer wieder von Polizisten gesucht und gejagt, und immer wieder in anderen gestohlenen Kleidern. Er narrt die Landjäger nach Strich und Faden mit allerhand Tricks und Ausweichmanövern. Knaben von Surrein erkennen ihn, wegen eines Fotos in der Zeitung, beim Radwechsel eines Postautos, das er chauffiert hat. Das publizierte Kopfgeld von Fr. 500.– motiviert die Knaben, den Gesuchten zu stellen. Stoffel flieht in ein Seitental mit Maiensässen. An die 15 Buben folgen und überwachen ihn.

In Interviews zeigt sich, dass dieser Text der Reihe «Ovra svizra par lectura alla guvantetgna» zu Hause und in der Schule auf ein grosses und positives Echo gestossen ist – und zwar sowohl bei den Schülern als auch den Lehrern. Ein Romanistikdozent am damaligen Lehrerseminar in Chur erinnert sich, wie er den Text mit seinen Studenten gelesen und ihn für deren kommende Schulpraxis empfohlen hat. Er erwähnt das gute Niveau des Romanischen, den gelungenen Spannungsbogen der Geschichte, auch die neue und frische Thematik.[138] Ähnlich erinnert sich ein Primarlehrer aus Waltensburg/Vuorz, der die Geschichte jeweils selbst gelesen und nachher frei ein paar Seiten erzählt hat.[139] Eine ehemalige Schülerin aus Rabius mit Jahrgang 1963 gibt etwa an, wie sie damals die Figur Stoffel, die für «Action» sorge und «sich traut», bewundert habe.[140]

Verfasser des Textes – fussend auf Erzählungen zu Hause in Surrein sowie viel freier Fantasie[141] – ist Theo Candinas (1929–2020), einer der bekanntesten romanischen Schriftsteller, der vor allem mit «Gion Barlac» (1975) die Literaturszene gehörig aufmischt. Anfang der 1980er-Jahre ist die Rede davon, den «Fuigia»-Stoff zu verfilmen.

Das Lektorat des Schweizer Fernsehens, Abteilung Dramatik, beurteilt den Stoff mehrheitlich positiv:

Eine ausgezeichnete, spannende Geschichte, die ich sehr gerne als Film sehen möchte. Alle äusseren Attribute eines Abenteuerfilms sind vorhanden: ein attraktiver, freiheitsliebender Held – Flucht und Verfolgung – Wandlung, Verkleidung und List. Nur etwas fehlt und das muss von den Autoren im Filmdrehbuch berücksichtigt werden: der doppelte Boden. Der tiefere Sinn der Geschichte. [...] Der Stoff ist grossartig. Am Drehbuch muss sehr präzis gearbeitet werden. Der Film wird – wenn er tadellos inszeniert ist – ein sicherer Publikumserfolg.[142]

Titelblatt der Erzählung «La fuigia dil Stoffel» von Theo Candinas, Chur 1971.

Das Projekt wird aus unbekannten Gründen nicht realisiert.

Der Redaktor der Zeitung *La Casa Paterna,* Christian Caduff, geht in der unten stehenden Besprechung der «Fuigia» auf den richtigen, historischen und den literarischen Stoffel ein, wobei nicht ganz klar ist, ob er Stoffel noch persönlich begegnet ist:

Auch der Verfasser dieser Linien kann sich sehr gut an den Stoffel von Vals erinnern, der für eine Zeit lang fast zum Bündner Nationalhelden geworden ist. Dieser junge Mann in den Zwanzigern war bekannt geworden als «Ein- und Ausbrecher» und hat zu seiner Zeit der Polizei viel Sorgen bereitet. Das beste Zeugnis, dass es so gewesen ist, ist die Tatsache, dass auch noch nach 40 Jahren über seine Abenteuer geschrieben wird.

Zu Beginn können wir etwas über den wahren Stoffel schreiben, auch wenn dieser gegen 60 Jahre alt sein wird und in Schaffhausen lebt, wo er ein Kleidergeschäft besitzt (während seines Aufenthaltes im Sennhof in Chur hatte er Schneider gelernt). Vor ungefähr 20 Jahren kam er mit seinem Lieferwagen auch hinauf nach Graubünden und verkaufte Kleider an einem Stand an den Viehmärkten – niemand hätte dort geahnt, dass es sich um den Hans Stoffel «berühmten» Angedenkens handelte.

Um sein damals ziemlich kriminelles Verhalten richtig zu verstehen, muss man etwas von seiner Jugend wissen. Stoffel war in Vals geboren, als uneheliches Kind in sehr armen Verhältnissen. Um existieren zu können, stiftete seine Mutter ihn schon als kleinen Knaben an, bei den Nachbaren Brennholz zu stehlen oder Eier aus dem Hühnerstall zu nehmen. Der Junge war aussergewöhnlich intelligent und ist dann in die Ho-

tels gegangen. Aus dieser Zeit erzählen sich die Valser, er sei einmal in sein Heimatdorf ins Hotel Adula in die Ferien gekommen – und flugs samt der Kasse und mit allem verschwunden …
Solche und ähnliche Streiche hat Stoffel noch viele geleistet, und es ist nicht verwunderlich, dass er in der Folge Bekanntschaft gemacht hat mit den schwedischen Gardinen des Sennhofs. Aber er konnte nicht nur mit Schere und Nadel umgehen, sondern auch mit der Feile – und ist ausgebrochen.
Die Jagd auf Stoffel hat die ältere Generation auch heute noch nicht vergessen. Sie hatten den Übeltäter in Zürich unten geschnappt, und die zwei Bündner «Landjäger», Putscher und Walch, sind noch Jahre später mehr als Sherlock Holmes bewundert worden. Anders Candinas. Er kümmert sich wenig um die reale Person Stoffel. Er braucht diese nur als Ausgangspunkt, um seiner Fantasie freien Lauf zu lassen.[143]

2017 erscheint der Roman «Reise ans Ende der Welt» von Pascal Beer. Er spielt unter anderem in der Surselva, in der gleichen Gegend also wie Theo Candinas’ Erzählung «La fuigia dil Stoffel», bei der Beer zahlreiche Anleihen macht. «Dieser Roman erzählt die Geschichte, die übrig bleibt, wenn der Zuckerguss von den Bündner Bergen bröckelt», verkündet der Klappentext. Beer beschreibt im Buch eine Situation, die die meisten so oder ähnlich in der Primarschule erlebt haben:

an manchen samstagen schlug die glocke im kirchturm der katholiken elf mal, theofil legt alles weg und sagte, «liebe kinder, legt alles weg» und wir legten alles weg. dann drehte er sich zum bücherregal und unsere augen waren auf ihn gerichtet. dann nahm er das farbige buch hervor. auf dem umschlag war ein grosser baum gezeichnet. dahinter versteckte sich ein bärtiger mann, der hervorspähte und den stamm in seinen riesigen armen hielt. jeder von uns wusste, wessen stunde geschlagen hatte.

La fuigia dil Stoffel.
der räuber stoffel zieht auf der flucht vor der polizei kreuz und quer durch das oberland. er räubert, er stiehlt und er entkommt der polizei immer wieder. jeder kennt ihn und jeder fürchtet ihn.
der stoffel war mein held.
theofil setzte sich die brille auf seine nasenspitze, seine augen wurden gross und dann las er uns vor. der stoffel machte eine lumperei nach der anderen und er entkam der polizei immer und immer wieder.
und immer, wenn der stoffel eine lumperei nach der anderen machte und immer wieder entkam, legte theofil das buch auf den tisch, nahm ganz langsam seine brille von der nase und sagte, «also kinder, gelled, so was macht man dann im fall nicht».

dann blickten ihn wieder alle an und nickten. ich hatte schon genickt, bevor er die brille von der nase genommen hatte, ich nickte sicherheitshalber noch einmal. dann wartete der theofil und die uhr über der tür tickte und ich begann auf meinem stuhl herumzurutschen. theofil setzte seine brille wieder auf seine nasenspitze und seine augen wurden gross und dann las er weiter. die klasse blickte wieder in alle richtungen und ich hing wie gebannt an theofils lippen.
der stoffel räuberte, feuerte seine pfefferpistole ab und entkam wieder und der theofil legte das buch auf den tisch, nahm langsam seine brille von der Nase und sagte, «gelled kinder, wenn man nicht artig ist und zu viele lumpereien macht, dann kommt man in die kischta», und wir alle wussten, mit der kischta meinte er die kiste.[144]

ANDERE LEGENDÄRE EIN- UND AUSBRECHER

Um Johann Stoffels Ruf einschätzen zu können, lohnt sich ein Vergleich mit anderen Persönlichkeiten, denen die Bezeichnung «Ein- oder Ausbrecherkönig» angehängt wurde. Dies in Form einer kleinen Galerie:

Hannikel

1786 sät die Bande von Jakob Reinhardt alias Hannikel Angst und Schrecken entlang des Oberrheins.[145] Ein Steckbrief ruft zur «Dingfestmachung» des «Hauptmanns der verruchten Teufels- und Mörderbande» auf. Noch im gleichen Jahr gelingt es Graf Rudolf von Salis-Zizers, Hannikel und seinen Anhang bei Untervaz gefangen zu nehmen und nach Chur zu spedieren. Dort sperrt man die Gruppe in den Schelmenturm.

Wenige Tage darauf wird sie gemäss einem Württemberger Auslieferungsgesuch unter strengen Sicherheitsvorkehrungen nach Norden überstellt, «aber freilich ohne den sogenannten Hanickel, der sich noch die Nacht vorher, in dem Schelmenthurm ein Loch durch die Mauer des Gefängnisses zu brechen und durch dasselbe zu entkommen wusste». So berichtet die *Churer Zeitung* in der Rubrik «Was gibts neues».[146] Hannikel wird kurz darauf wieder eingefangen und diesmal ohne weitere Schwierigkeiten via Vaduz nach Sulz am Neckar überführt, dort vor Gericht gestellt und erhängt.

Sechs Wochen nach der Flucht Hannikels inspiziert Johann Baptista von Tscharner, der regierende Churer Amtsbürgermeister, zusammen mit seinem gleichnamigen Sohn alle vier Gefängnistürme, «da kürzlich ein berüchtigter Zigeuner, Hannikel genannt, aus dem Schelmenturm entrann».[147] Zweifellos geht es darum, die nötigen Massnahmen zu treffen, damit die stolze Stadt Chur sich in Zukunft nicht mehr wegen der Entweichung eines Gefangenen weitherum blamieren muss. Johann Baptista Sohn notiert bei dieser Gelegenheit die geradezu mittelalterlichen Einrichtungen und Utensilien im Schelmenturm, bis hin zum Seil und den Gewichtssteinen für das Aufziehen des Gefangenen. Der spätere Namenswechsel vom Schelmenturm zum Hannikelturm erfolgt offenkundig im Gedenken an den berüchtigten Ausbrecher.

Matter

Bernhard Matter wird 1821 in Muhen AG geboren und kommt schon als 16-Jähriger in Konflikt mit der Justiz.[148] In der Folge wird er zahlreiche Male wegen Diebstahl, Schmuggel und Einbruch verhaftet. Fast ebenso häufig gelingt ihm aber auch die Flucht, trotz der immer schärferen Haftbedingungen:

Als nämlich am Morgen des 11. Januar 1853, nach einer stürmisch vergangenen Nacht, der diensttuende Wächter die Matterzelle [in der Festung Aarburg] betrat, war dieselbe leer! Sie zeigte folgenden Befund: Am Stein, an welchem Matters Fussketten mittelst eines Hängeschlosses angeschlossen waren, hing noch der aufgesprengte Ring. Über dem Ofen unter der Decke waren eine zwei Zoll dicke Bretterwand und drei Fuss starke Mauer durchbrochen. Durch dieses Loch war Matter in den Hofraum und von da in einen in der Nähe liegenden Holzschopf gelangt. Von einer Schiesscharte in diesem Holzschopf hing ein Seil über die hohe Festungsmauer hinunter, das aus den zerrissenen Leintüchern und Wolldecken gedreht war. Dieses Seil war ca. 15–20 Fuss zu kurz, so dass sich Matter ein ziemliches Stück über die Mauer hinunter hatte fallen lassen müssen. Die Hand- und Fussketten waren nirgends zurückgelassen worden, so dass anzunehmen war, der Flüchtling sei mit seinen 40 Pfund Ketten am Leibe entsprungen. Dass er die eine Hand hatte frei machen können, durfte als sicher gelten, denn mit gefesselten Händen wäre die Durchbrechung der Mauer unmöglich gewesen. Jedenfalls hatte Matter diesmal sein Gesellenstücklein vollbracht und er hatte sich den Titel eines Ausbrecherkönigs «redlich» verdient.[149]

Auffallend sind die vielen Eigenheiten, die denjenigen, die Stoffel zugeschrieben werden, ganz ähnlich sind – wohlgemerkt bei einer Zeitdifferenz von über siebzig Jahren:

- der Verzicht auf Gewalt;
- ein Faible für schöne Kleidung;
- zahlreiche Liebesaffären;
- körperlich überaus flink und beweglich;
- ein gewisses Wohlwollen in breiten Kreisen;
- Irreführung der Polizei und Versorgung von Armen mit Lebensmitteln, ohne aber ein eigentlicher Robin Hood zu sein;
- die Entstehung von Sagen und Legenden.

Bernhard Matter wird am 24. Mai 1854 als letzte Person im Aargau wegen Diebstahls enthauptet.

Deubelbeiss und Schürmann

Das Duo Ernst Deubelbeiss und Kurt Schürmann markiert mit seinen Einbrüchen Anfang der 1950er-Jahre, zumindest für die Schweiz, eine neue und drastische Vorgehensweise.[150] Ist die Gewaltlosigkeit bei Matter oder Stoffel noch ein zentrales Merkmal, gehen Deubelbeiss und Schürmann nach amerikanischem Muster vor.

Im Juni 1951 brechen sie in ein Zeughaus in Zürich Höngg ein, erbeuten zahlreiche Maschinenpistolen und Munition. Im Dezember kidnappen sie in Zürich einen Bankier, der ihnen Zugang zum Tresor verschaffen soll. Als das misslingt, bringen sie den Mann um. Im Januar 1952 überfallen sie die Post Reinach AG. Dabei werden sie überrascht und liefern sich mit der Polizei ein veritables Feuergefecht. Im Februar 1953 werden die beiden zu lebenslanger Haft verurteilt. Insbesondere Schürmann behauptet vor Gericht, es sei ihnen um den Aufbau einer revolutionären Partei gegangen. Er sei kommunistisch eingestellt. Es findet sich in seinem Zimmer eine kleine Bibliothek mit kommunistischer Literatur. Das Ganze macht aber einen politisch recht unausgegorenen Eindruck.

Die Taten des Duos erregen in der vermeintlich idyllischen Schweiz grosses Aufsehen. Radiomeldungen mit Aufrufen zur Mitarbeit der Bevölkerung tragen zur landesweiten Verunsicherung bei, der Name Deubelbeiss findet lange als Drohmittel gegen ungehorsame Kinder Verwendung. Noch geraume Zeit zirkulieren Lieder und Sprüchlein zu den Untaten der zwei «Gangster».

Stürm

Walter Stürm ist eine umstrittene Figur der Schweizer Zeitgeschichte. Der St. Galler Karosseriespengler kommt 1962, 20-jährig, wegen des Verkaufs gestohlener Sportwagen erstmals vor Gericht. In der Folge begeht der Fabrikantensohn aus Rorschach zahlreiche Einbrüche, Diebstähle und Überfälle, die ihn immer wieder ins Zuchthaus bringen. Über die Schweiz hinaus bekannt wird er aber wegen seiner Ausbrüche, die ihm die Bezeichnung «Ausbrecherkönig» einbringen. Nicht weniger als acht Mal gelingt ihm die Flucht, unterbrochen von kürzeren oder längeren Perioden der Freiheit. Dabei kommt ihm sein Verkleidungstalent zugute. Im Gefängnis setzt er sich hartnäckig gegen die Isolationshaft ein, drei Mal tritt er in einen Hungerstreik.

Stürm versteht sich als dezidiert politischen Menschen, seine Charakterisierung fällt ganz unterschiedlich aus. Margrit Sprecher kommentiert: «Die Denkweise, dass auch Wärter Opfer des repressiven Staats seien, legt er sich erst später zu, seiner linken Fans wegen. Diese feiern Stürm als Helden. Ein Mann, der es dem autoritären Staat zeigt.»[151] Die *Neue Zürcher Zeitung* spricht vom «Berufskriminellen» mit «zweifelhafter Berühmtheit», der keineswegs durchgehend gewaltfrei operiere.[152] Das links-alternative *untergrund blättle* hingegen hält fest: «Walter Stürm hat die Phantasie einer ganzen Generation von politisch Kämpfenden angeregt, diente auch als Projektionsfläche, wie er ‹es denen zeigte›, wenn er wieder einmal aus einem Gefängnis ausbüchste. Verschiedene Anekdoten erinnern an einen Stürm mit Herz und Humor. ‹Bin Eier suchen gegangen› – das vierwortige Bekennerschreiben zu seinem Ausbruch aus der Strafanstalt Regensdorf kurz vor Ostern 1981 brachte Zehntausende Staatsgeschädigte in der Schweiz und anderswo ins Schwärmen und legitimierte mit Charme antistaatliches Handeln.»[153] Ebenfalls Anfang der 1980er-Jahre ist Stürm eine Symbolfigur der Zürcher Jugendbewegung.

Walter Stürm nimmt sich 1999 im Thurgauer Kantonalgefängnis Frauenfeld mit 57 Jahren das Leben.

Camenisch

Während bei Deubelbeiss und Schürmann die politische Motivation ihrer Taten recht zweifelhaft erscheint, ist sie bei Stürm bereits ausgeprägter. Bei Marco Camenisch steht sie ausser Zweifel, sie bildet den Kern seines Selbstverständnisses.[154] Seine Empörung über den Bau von Atomkraftwerken motiviert ihn 1979 zu zwei Sprengstoffanschlägen gegen Einrichtungen der Elektrokonzerne, ohne dass dabei Menschen zu Schaden kommen. Das Bündner Kantonsgericht verurteilt ihn zu zehn Jahren Zuchthaus. Dies wird in weiten Kreisen als völlig übertrieben empfunden und ist nicht zuletzt der Grund für die Entstehung einer Sympathisantenszene.

1981 gelingt Camenisch, zusammen mit fünf Mitgefangenen, die Flucht aus dem Gefängnis Regensdorf, wobei sie einen Wärter töten und einen anderen schwer verletzen. Kurt Brandenberger rekonstruiert den letzten Teil des Regensdorfer Ausbruchs so: «Auch die sechs Flüchtenden sind inzwischen durch die offene Tür und über eine Treppe ins Freie gelangt. Dort liegt, in einer Mauer eingelassen, das Büro des Oberaufsehers Paul Schlatter, der nach der Meinung von Carlo Gritti verantwortlich ist für die Isolationshaft. Der Bergamasker bleibt stehen, greift nach seiner 6.35er und schiesst auf das beleuchtete Fenster, wo Schlatter direkt hinter dem Fenster an seinem Schreibtisch sitzt. Das Projektil durchschlägt die Doppelverglasung und bleibt im Vorhang stecken. Als es knallt, wirft sich Schlatter unter die Fensterbrüstung, holt mit ausgestrecktem Arm das Telefon vom Pult und alarmiert die Polizei. Die Ausbrecher rennen über den schneebedeckten Gefängnishof dem Zellenflügel 3 entlang und über das Areal der Gärtnerei, wo sie den Chefheizer Ivan Luksic überholen, der im Zickzack Richtung Deckung hetzt, dann Gritti und Lazzarin, die den Schluss des Sextetts bilden, ballern wild um sich, was die sie verfolgenden Aufseher auf Distanz hält. [...] Hinter dem Verwahrungsgebäude legt El Boussaidy die Holzleiter an die 4,5 m hohe Mauer und steigt hoch, gefolgt von Facchinetti und Camenisch. Weil die Leiter zu kurz ist, muss Facchinetti seinen Komplizen hochstemmen, damit dieser die Mauerkrone erreicht. Oben angelangt, rittlings auf der Mauer, hilft der ‹Neger› jetzt den nachfolgenden Pierluigi und Marco, das letzte Stück zu überwinden. Auch die andern drei kommen nicht ohne gegenseitige Hilfe über die Mauer. Beim Sprung in die Freiheit reisst Grittis Kreuzband. Die andern landen unbeschadet im Schnee, sie rennen auf das letzte Hindernis zu, den dicken, meterhohen Wall von Stahldraht. El Boussaidy will schon zur Zange greifen, als er sieht, dass der Draht bereits zerschnitten ist. Das haben die Fluchthelfer getan, die mit zwei Fahrzeugen bereitstehen. Der Ausbruch ist gelungen.»[155]

Camenisch entkommt, allein. Er hält sich unerkannt meist in der Toskana auf, wo er 1991 nach einem Feuergefecht verhaftet und verurteilt wird. Auch für die Erschiessung eines Grenzwächters im heimatlichen Brusio GR im Jahr 1989 wird Camenisch verurteilt. 2017 wird er bedingt aus der Haft entlassen. Er hat mehr als die Hälfte seines Lebens auf der Flucht oder in Haftanstalten verbracht.

Die meisten Erzählungen der hier porträtierten Ein- und Ausbrecher nehmen kein gutes Ende, die Protagonisten haben es nicht «geschafft». Aber alle sind zu Lebzeiten mehr oder minder populäre Figuren, sei dies im breiten

Publikum oder in spezifischen Milieus. Da und dort lässt sich die eine oder andere Parallele zu Stoffel entdecken. Der grösste Unterschied ist allerdings das Ende der Geschichte von Johann Stoffel: Er stirbt als resozialisierter und wohlbestallter Kleinunternehmer.

ROBIN HOOD?

Bei aller Legendenbildung liegt vor allem ein Vergleich auf der Hand: derjenige mit Robin Hood. Er ist heute wohl der bekannteste Einbrecher und Dieb – weltweit. Auf die einfachste Formel gebracht: Er nimmt den Reichen und gibt den Armen. Gerade weil sich seine mittelalterlich-neuzeitliche Figur historisch nicht belegen lässt, ist die Bahn frei für zahllose Interpretationen und Darstellungen jeder Art, im Buch, im Spielfilm, etwa mit Errol Flynn (1938), Kevin Costner (1991) oder Russell Crowe (2010), in einer TV-Serie oder in einem Musical.

Wenn zu Beginn der Interviews zu Johann Stoffel dessen Taten angesprochen wurden, fiel fast immer als Erstes die rasche Antwort: «Aha, wie Robin Hood!» Darum folgt hier der Versuch, anhand von Quellen herauszufinden, inwieweit denn der Ein- und Ausbrecher Stoffel der Sagengestalt Robin Hood tatsächlich gleicht, ob auch Stoffel den Reichen nimmt und den Armen gibt, ob auch er ein «edler Räuber» ist.[156]

Kaum verwunderlich ist, dass der Staatsanwalt (der Verhörrichter) ein wenig schmeichelhaftes Bild des Angeklagten zeichnet: Zwar soll er kleine Beträge an die «Braut» und an die Mutter geleistet haben, aber viel Geld «mit Weibern» verprasst wie überhaupt Geschenke an verschiedene Geliebte gemacht haben. Fast schon belustigend ist die Bemerkung, Stoffel habe nicht wie ein braver Bürger etwas «auf die Seite» gelegt. «In Zürich trieb sich Stoffel in verschiedenen Tanzlokalitäten herum und knüpfte mit verschiedenen Frauenzimmern nähere Beziehungen», hält der Staatsanwalt im Frühling 1923 fest und lässt Stoffel so zu Wort kommen:

Eine Perlenbroche habe ich in St. Gallen einem Fräulein Dietz aus München, die Volgenstrasse 79 wohnt, geschenkt. Ich habe das Fräulein im Schützengarten kennen gelernt und bin mit ihr an einem Abend ins Theater. Zum Vornamen heisst sie Mina, wie ich glaube.[157]

Ganz offenbar kennt auch das Diebeshandwerk seine Konjunkturen, erst recht, wenn noch eine zweite Person unterstützt werden muss, wie Stoffel berichtet: Ich «lernte zum Unglück noch dies Mädchen kennen u. so musste ich auch noch für sie sorgen».[158]

Im August 1929 erbeutet Stoffel bei einem Einbruch im Hotel Stern in Chur mindestens 4000 Franken. Dieses Geld verwendet er für einen Ausflug mit seiner Freundin nach Innsbruck und Wien. Die Reise beginnt in Klosters und führt abenteuerlich über die Berge nach Schruns im Montafon. So vermeidet man Zoll und Polizei drunten im Rheintal. Seiner Begleiterin, die nichts vom wahren Zweck der Reise ahnt oder ahnen will, erzählt er vom Segen einer gesunden Bergtour.[159]

Einen Zwischenhalt legen sie in Innsbruck ein. Dort kann man sich noch Monate später an das Paar erinnern:

Stoffel hat Ende Juli oder Anfang August 29 tatsächlich im Gasthof zum roten Adler gewohnt. Und kann sich der, inzwischen ausgeforschte ehemalige Hausdiener vom roten Adler, namens Alfons Prantl, gegenwärtig in Arzl, bei Jnnsbruck, Nr. 7 bei Steinlechner wohnhaft, aufgrund des vorgezeigten Lichtbildes, auf denselben noch gut erinnern. Er hat sich dort als Steiner ausgegeben. Eine mangelhafte Eintragung findet sich im dortigen Meldebuche, die als Stein oder Steiner zu lesen ist. Auch ist im hiesigen Meldeamte der diesbezügliche Meldezettel nicht auffindbar. Dieser Steiner ist zu obiger Zeit mit Frau angekommen, liess sich mittelst Auto zum Gasthof roter Adler fahren, wohnte dort ungefähr 4 Tage. Er trieb grossen Aufwand, gab grössere Trinkgelder, liess sich unter Andern mit Auto zur Bank und in die hiesige Exlbühne [wo eine bekannte Tiroler Theatertruppe, die Volks- und Theaterstücke aufführte, auftrat] fahren, liess für seine angebliche Frau eine Friseurin ins Haus kommen und gab auch dieser wieder reichlich Trinkgeld.

Beide sind sehr elegant gekleidet. Stoffels Begleiterin, Alice Burkhalter, wird als etwa zwanzigjährig beschrieben, klein, schmächtig, mit hellblonden Haaren.[160]

Laut Staatsanwalt wird Stoffel immer wieder rückfällig, und zwar nicht nur, um Alice Burkhalter Geschenke machen zu können.

Ende März trug Stoffel einen ganz neuen Anzug und besass Geld. Gemäss weiterer Deposition der obgen. Clara Schoch kam Stoffel dann am 2. April 1929 wieder nach St. Gallen; damals habe er ein neues Kleid getragen und anscheinend bedeutende Geldmittel besessen; er habe der Clara Schoch ein Manicuretui und der Schwester derselben eine Bürstengarnitur im Wert von je frs. 20.– geschenkt und erzählt, er habe günstig geschäften können.[161]

Stoffel will gerne gut leben. Nicht äussere Umstände hätten ihn zum Stehlen veranlasst, sondern Veranlagung, die vielen Bekanntschaften sowie die Sucht, gut und ohne Arbeit zu leben, bemerkt der Staatsanwalt. Verschiedene Male klingt an, Stoffel habe den finanziellen Wünschen der wechselnden Freundinnen nicht nachkommen können, die Frauen hätten ihn ausgenützt. Die *Schaffhauser Nachrichten* berichten über Stoffel mit einem deutlich moralisierenden Unterton: «Er unterhielt Verhältnisse mit verschiedenen Frauenspersonen, mit denen er in leichtfertiger Weise das Geld verbrauchte.»[162] Unklar ist, was hier «leichtfertig» bedeuten soll. Hätte er die erbeuteten Gelder weniger schnell verbrauchen sollen? Wäre dann seine Schuld geringer – und noch geringer, wenn er etwas «auf die Seite» gelegt hätte?

Bei seinem Einbruch in den «Sennhof» soll er sogar die kleinen Beträge seiner Mitgefangenen erbeutet haben. «Das ist der romantische Held Stoffel! Geständig!», bemerkt der Staatsanwalt. Die Insinuation ist klar: Stoffel ist alles andere als ein Robin Hood. Er stiehlt, aber für sich selbst, verprasst das Gestohlene mit einem «Frauenzimmer», ist bewaffnet und gefährlich.

Recht häufig besucht Stoffel Davos und dessen Hotels und Sanatorien. Er steigt unter anderem in die Pension Solaria in Davos Dorf ein, wo er zahlreiche Gäste bestiehlt. Allerdings können die Schmuckstücke von der Polizei «nachträglich wieder beigebracht» werden. Eine Auflistung der Objekte, die einem Gast entwendet wurden, ist weniger interessant wegen der Werte, die der Bijoutier Disam in Chur schätzt, als wegen der Angaben Stoffels, die zeigen, was er mit dem Schmuck unternahm.

Zum Nachteil von Frl. Boissevain[163]

1. Eine Halskette, Gold, 18 (von Stoffel dem Goldschmid Heibig in St. Gallen für frs. 32.– verkauft) frs. 80.–
2. Eine Brochen-Fassung, Gold (von Stoffel dem Goldschmid Scherraus in St. Gallen für 11.– fr. verkauft) frs. 4.–
3. Eine Glasperlenkette (von Stoffel seiner Cousine Stoffel in Chur geschenkt) frs. 1.–
4. Eine silberne Halskette (von Stoffel der Kellnerin im Plessurfall in Chur verschenkt) frs. 6.–
5. Eine Granatbroche (von Stoffel der Thilde Greller in St. Gallen verschenkt) frs. 5.–
6. Eine kleine Filigran-Nadel, Gold (von Stoffel der Thilde Greller in St. Gallen verschenkt) frs. 3.–
7. Eine kleine Filigrannadel, Gold (im Besitze des Stoffel und ihm abgenommen) frs. 3.–
8. Eine grössere Filigrannadel mit rotem Stein (von Stoffel im Bürgerhof in St. Gallen versetzt) frs. 10.–
9. Eine goldene Broche mit Perle (von Stoffel der Käthe Dietz in St. Gallen verschenkt) frs. 10.–

frs. 122.–

Das Beispiel zeigt, dass Stoffel seine Beute zum Teil verkauft, zum Teil verschenkt und in einem Fall versetzt, wahrscheinlich wegen momentaner Geldknappheit. Die Angaben aus den Interviews scheinen korrekt zu sein, wenn sie jenen Teil der Beute betreffen, den Stoffel grosszügig verschenkt. Falsch ist hingegen, dass er schlicht alles verteilt und gar nichts für sich behält, wie in vier Fällen berichtet wird.[164] Stoffel versteht es durchaus, bei seltener Gelegenheit ein angenehmes und manchmal sogar luxuriöses Leben zu geniessen. Es ist etwa gesichert, dass er die aus dem Churer Hotel Stern gestohlenen 4000 Franken vor allem für die kostspielige Reise mit seiner Freundin nach Österreich verwendet.

Nach wie vor nützlich zum Verständnis von Personen wie Johann Stoffel ist Eric Hobsbawms Begriff «Social Bandit», auch wenn er recht unscharf ist.[165] Auf jeden Fall ist der Social Bandit irgendwo zwischen dem Mythos des Widerständigen und demjenigen des asozialen Kriminellen zu verorten. Aufschlussreich auch, wie der Mythos aktiv bewirtschaftet wird, ob bewusst oder unbewusst, etwa durch Sagen, Legenden, Witze und lustige Geschichten in Zeitungen, Zeitschriften und Kalendern.

Ein Mann wird zum Banditen, sagt Hobsbawm,[166] weil er etwas tut, was den örtlichen Bräuchen gemäss nicht als verbrecherisch angesehen wird, wohl aber vom Staat und den Lokalherren.

– *Trifft nicht zu.* Ist wohl eher eine frühneuzeitliche Diskrepanz.

Die Karriere eines Banditen beginnt beinahe immer mit einem Ereignis, das an sich nicht schwerwiegend ist, ihn jedoch in die Gesetzlosigkeit treibt.

– *Trifft teilweise zu.* Stoffel hat als uneheliches Kind in Vals schlechte Startchancen.

Frank Allan, der Rächer der Enterbten. Das Heft «Drei blaue Kreise» findet sich in den Akten zu Johann Stoffel im Staatsarchiv Graubünden.

Wichtig ist, dass der künftige Sozialbandit von der Bevölkerung als ehrenhaft, nicht als kriminell betrachtet wird.

– *Trifft teilweise zu.* Stoffel gilt in grossen Teilen der Bevölkerung als harmloser Kleinkrimineller.

Auf der Flucht wird der Sozialbandit von der Bevölkerung beschützt; eindrucksvoll ist die enge Bindung an ein Gebiet.

– *Trifft teilweise zu.* In Vals schickt man die Landjäger auch mal in die Irre.

Normalerweise ist der Bandit jung und unverheiratet.

– *Trifft zu.* Stoffel ist zu seiner «besten» Zeit zwischen zwanzig und dreissig Jahre alt.

Und schliesslich: Der Bandit kann sich meist nur kurze Zeit halten.

– *Trifft zu.* Maximal zwei Jahrzehnte, davon allerdings oft im Gefängnis.

So weit scheint klar: Stoffel ist kein Robin Hood und schon gar nicht ein Social Bandit, allenfalls ein populärer Rechtsbrecher, ohne ausgeprägtes politisches Bewusstsein. Hobsbawm deutet an, wieso sich eine Beschäftigung mit diesen Gestalten trotzdem lohnt. «Ihre Existenz und ihr Verhalten sagen viel über die tieferen Sehnsüchte und Gefühle einer Gesellschaft aus.»[167]

In den Akten zu Johann Stoffel im Staatsarchiv Graubünden liegt auch ein veritabler Krimi. Er stammt aus der Reihe «Frank Allan, der Rächer der Enterbten» und trägt den Titel «Drei blaue Kreise», erschienen ist er im Jahr 1922 oder etwas später. Das Heft hat das Format A6, ist schwarz-weiss gedruckt, mit farbigem Titelblatt: Ein Mann leuchtet in einen Kellerraum mit einer Taschenlampe in der linken Hand, in der rechten hält er einen Schlagstock, mit dem er einen anderen Mann ausser Gefecht setzt. Es ist das Heft Nr. 124, alle Hefte dieser Reihe umfassen immer

48 Druckseiten. «Jeder Band ist in sich abgeschlossen», preist der Leipziger Ostra-Verlag, der zwischen 1920 und 1932 nicht weniger als 612 «Frank Allan» produziert. Das Heft ist wohl das, was geringschätzig als Schund- oder Gebrauchsliteratur bezeichnet wird und häufig an Bahnhofskiosken zum raschen Kauf aufliegt.

Verblüffend ist der Standort des Hefts. Es liegt in einem Dossier des Staatsarchivs, zusammen mit zahlreichen anderen, höchst persönlichen Objekten, etwa verliebten Zettelbotschaften zwischen Stoffel und Alice Burkhalter. Offenbar kann der Ein- und Ausbrecher Stoffel im «Sennhof» Krimis lesen. In diesen geht es ohne Zweifel sehr viel abenteuerlicher und glänzender zu als im wahren Leben. Ob er diese Heftchen auch als Projektionsfläche seiner Sehnsüchte und Wünsche benutzt? Ob er gar Parallelen sieht?

«Ja, Bob Harris war seiner Sache jetzt ganz sicher, er hatte Squarhoor vor sich, den verwegensten Abenteurer Nordamerikas, den grossen Verbrecher, der seit langem schon von dem Schauplatz seiner gewaltsamen Streiche verschwunden war.» Auch hier flüchtet der Verbrecher in ein Kaufhaus, das allerdings sehr viel grösser ist als der St. Annahof in Zürich. Und auch hier vollbringt er täglich die waghalsigsten Dinge, «in immer neuen Verkleidungen und mit Anwendung gerissener Kniffe».[168]

Oder zieht Stoffel den braven und tüchtigen Detektiv Bob Harris vor?

Schlusswort

Johann Stoffel ist Projektionsfläche für Sehnsüchte und Wünsche, Hoffnungen und Erwartungen. Die Bevölkerung bewundert und beneidet ihn um das, was sie selbst nicht hat, vielleicht auch nicht zu begehren wagt: massig Geld, hübsche Frauen, elegante Kleider, schöne Reisen, beste Hotels, prickelnde Abenteuer, keine lästigen Verpflichtungen. Natürlich trifft diese Vorstellung in der Realität ganz und gar nicht zu, Selbstbild und Fremdbild klaffen hier besonders weit auseinander: Stoffel führt eine überaus prekäre Existenz, meist mit Geldsorgen, immer wieder auf der Flucht, er sitzt monate- und jahrelang im Gefängnis. Findet er einmal eine Anstellung, wird er meist entlassen, sobald seine Identität bekannt wird. Für das Jahr 1929 etwa soll er gar als Sündenbock für alle Diebstähle in Graubünden hinhalten, wie sein Verteidiger sarkastisch feststellt.

Populär ist Stoffel auch darum, weil er nie Gewalt anwendet; seine Werkzeuge sind nicht viel mehr als ein Schraubenzieher und ein Stechbeutel. Wichtig sind ganz andere Mittel: seine vielfach erprobte und bezeugte Beredsamkeit, die ihn leicht mit den Leuten in Kontakt kommen lässt, sowie seine oft elegante Kleidung. Stoffels Ruf ist jedenfalls in sehr weiten Kreisen ein durchaus positiver. Nur wenige Stimmen äussern sich klar negativ zu seiner Person, etwa der (quasi von Berufs wegen) skeptische Staatsanwalt oder der Verfasser eines längeren Artikels im *Bündner Tagblatt,* der sich darüber ärgert, dass ein Krimineller so viel Goodwill geniesst, während die Hüter der Ordnung ihre schwierige Pflicht ohne Dank erfüllen, dafür sogar verlacht werden. Von der Bevölkerung ist jedenfalls wenig Unterstützung für die Staatsmacht zu erwarten, viel eher weist man die ortsunkundigen Landjäger gerne in die falsche Richtung.

Die Presse äussert sich in der Regel sehr milde, oft auch mit einem leicht amüsierten Unterton. Bemerkenswert, dass auch italienischbündnerische und rätoromanische Zeitungen regelmässig über Ein- und Ausbrüche berichten und aufzeichnen, wie der Delinquent Stoffel einmal mehr die Institutionen blamiert. Zwei Ereignisse provozieren besonders viel Gelächter auf der einen, Frustration auf der anderen Seite: Nämlich als Stoffel in der gleichen Nacht in den «Sennhof», das kantonale Gefängnis, ein- und mit der Beute gleich wieder ausbricht. Spektakulär auch der Diebstahl im Zimmer eines Engadiner Luxushotels, wo er tausend Franken stiehlt und eine spöttische Notiz hinterlässt.

In den 1920er-Jahren wird der Name Johann Stoffel weitherum zum Begriff. Die Presse tut das ihre dazu und berichtet regelmässig über seine Streiche und Untaten. Es entstehen veritable Legenden und Sagen, Stoffelwitze und Stoffelanekdoten, mehr oder auch weniger wahr, mit allen möglichen Varianten und offenkundigen Widersprüchen. 1930 ist Stoffel sogar das Motto der Churer Fasnacht, samt der entsprechenden Plakette. Dass die staatlichen Institutionen keine Freude an Stoffel haben, ist nicht verwunderlich, weisen doch seine zahlreichen Ausbrüche darauf hin, wie wenig sicher der «Sennhof» ist und wie unzuverlässig das dortige Aufsichtspersonal. Wahrscheinlich sind die baulichen Veränderungen von 1934 auch in diesem Zusammenhang zu verstehen.

Stoffel befindet sich in einem Kreislauf, aus dem er kaum herauskommt: Diebstähle, Arbeitshaus, Gefängnis und Zuchthaus wechseln sich ab. Dabei scheint er sich nicht als politisch Handelnder zu verstehen. Die zwei einzigen Kontakte mit der Zürcher Linken haben wohl eher mit der Gruppe als seiner sozialen Heimat zu tun. Johann Stoffel ist ganz offensichtlich kein Robin Hood. Dann und wann macht er seiner Mutter, seinen Geliebten oder offenkundig armen Leuten durchaus kleinere oder grössere Geschenke, gönnt aber auch sich selbst gerne die eine oder andere Wohltat.

Die Zäsur zwischen den zwei Leben Stoffels ist markant: Sie befindet sich zwischen dem Prozess im Februar 1931 und seiner nachfolgenden Überführung in die Strafanstalt Regensdorf. Stoffel bietet sich dort die Chance zur Erlernung des Schneiderberufs, sodass er nach seiner Entlassung über eine nützliche Qualifikation verfügt und nicht in das alte Fahrwasser zurückkehren muss. Während des Prozesses und in der Presseberichterstattung wird nicht selten bemerkt, dass bei Stoffel nicht die geringste Aussicht auf Besserung bestehe. Er werde seine kriminelle Veranlagung nie loswerden, er sei ein hoffnungsloser Fall. Darum werde man ihn wohl auf Dauer verwahren müssen.

Dazu kommt es nicht. Tatsächlich trifft das Gegenteil zu: Johann Stoffel wird nach seiner Entlassung in Regensdorf bald zum honorigen Schneidermeister in Schaffhausen und zum Inhaber einer Uniformenfabrik mit bis zu 15 Angestellten. So ist die hier vorliegende Studie letztlich der Bericht über eine erfolgreiche Resozialisierung.

Anhang

REGLEMENT FÜR DIE KANTONALE STRAFANSTALT SENNHOF

Gemäss Beschluss des Kleinen Rates vom 18. Dezember 1926 erlassen vom Justizdepartement Graubünden.

I. ZWECKBESTIMMUNG DER ANSTALT.

§ 1.
Die Strafanstalt nimmt auf:
a) Zuchthaus- und Gefängnissträflinge;
b) Untersuchungsgefangene;
c) die von der Kantonspolizei verhafteten Personen, die von in- oder ausländischen Behörden requiriert werden oder wegen Vagantität oder aus anderen Gründen auf den Transport kommen.

II. OBERAUFSICHT.

§ 2.
Die Strafanstalt steht unter der Oberaufsicht des Kleinen Rates. In Bezug auf die Untersuchungsgefangenen wird diese vom Kantonsgerichtspräsidenten ausgeübt.

III. BEAMTE UND ANGESTELLTE.

Allgemeines.

§ 3.
Die Beamten und Angestellten der kantonalen Strafanstalt sind: der Verwalter und seine Frau, die Hausgeistlichen, der Anstaltsarzt, das Aufsichtspersonal, bestehend aus vier Aufsehern und einem Nachtwächter, die Köchin und gegebenenfalls die Haushälterin an Stelle der Frau des Verwalters.

§ 4.
Die Beamten und Angestellten der kantonalen Strafanstalt werden vom Kleinen Rat gewählt, mit Ausnahme der Köchin, die vom Verwalter im Benehmen mit dem Vorsteher des Justizdepartementes angestellt wird.

§ 5.
Soweit die Belöhnung der Beamten und Angestellten der kantonalen Strafanstalt nicht in der kantonalen Gehaltsliste festgesetzt ist, wird sie durch den Kleinen Rat bestimmt.

§ 6.
Die Beamten und Angestellten der kantonalen Strafanstalt, mit Einschluss der im Nebenamt tätigen, haben sich unter Vorbehalt des Kündigungsrech-

tes einer Änderung ihrer Pflichtenordnung gemäss vorliegendem Reglemente jederzeit zu unterziehen.

§7.
Die Aufseher der Anstalt sind unter gegebenen Voraussetzungen berechtigt, der kantonalen Alters- und Versicherungskasse beizutreten.

§8.
Alle Beamten und Angestellten haben die Insassen der Anstalt so zu behandeln, dass ihnen ihr Aufenthalt nicht nur zur Strafe, sondern womöglich auch zur Besserung diene. Sie sollen sich den Gefangenen gegenüber vor allem keiner Ungerechtigkeiten oder Bevorzugung Einzelner schuldig machen.

Der Verwalter.

§9.
Der Verwalter leitet und überwacht die Strafanstalt in allen Teilen. Er untersteht dem Vorsteher des Justizdepartementes.
Im besonderen liegt ihm ob:
a) die Aufsicht über das Verhalten der Angestellten und Insassen;
b) die Anleitung und Ausbildung der Angestellten;
c) die hauswirtschaftliche Verwaltung;
d) die gesamte Buchführung nach Anleitung der Finanzverwaltung, die Kassenverwaltung für die Anstalt und die Sträflinge, die Besorgung der Korrespondenz und die Abfassung des Jahresberichtes zu Handen des Kleinen Rates;
e) die Visierung der auf die Anstalt ausgestellten Rechnungen und der monatliche Rechnungsabschluss;
f) die Sorge für die Instandhaltung der Gebäude, des Mobiliars, der Werkzeuge und der Maschinen;
g) die Überwachung und die Förderung des Gewerbebetriebes der Anstalt und die Annahme und Abgabe der Bestellungen;
h) der Ankauf der Waren und Materialien für den Gewerbebetrieb der Anstalt und Kontrolle der eingehenden Waren;
i) die Kontrolle über die Besuche und den Briefwechsel der Sträflinge;
j) die Diensteinteilung und im Einverständnis mit dem Vorsteher des Justizdepartementes die Bestimmung der Zeit des ordentlichen Urlaubes für die Angestellten;
k) die Überwachung und Verwaltung der Anstaltsbibliothek;
l) die Leitung des Schulunterrichtes;
m) die Sorge für die gehörige Handhabung der Feuerlöschordnung der Anstalt.

§ 10.
Der Verwalter soll seine ganze Zeit dem Amte widmen und in der Anstalt wohnen. Muss er diese während der Dienstzeit verlassen, so ist der Oberaufseher sein Vertreter. Für eine Abwesenheit von mehr als zwei Tagen hat der Verwalter die Bewilligung des Vorstehers des Justizdepartementes einzuholen.

§ 11.
Der Verwalter ist Mitglied der Schutzaufsichtskommission für bedingt Verurteilte, entlassene Sträflinge und Korrektionelle. Als solches hat er sich auf den Zeitpunkt des Austrittes von Sträflingen für diese für passende Arbeit und Verdienstmöglichkeit umzusehen. Er sorgt auch für die Instandstellung und gegebenenfalls Beschaffung von Kleidern für die aus der Anstalt zu Entlassenden.

§ 12.
Auf die Insassen sucht der Verwalter, wo immer seine Berufsgeschäfte es gestatten, durch Besuche, Besprechungen und Beobachtungen bessernd einzuwirken. Er macht sich zu diesem Zwecke mit den Untersuchungsakten der zu Zuchthaus- und längerer Gefängnisstrafe Verurteilten bekannt.

§ 13.
Die Frau des Verwalters (gegebenenfalls die Haushälterin) hat die Zubereitung der Speisen für die Angestellten und Insassen, die Verpflegung der Kranken, die Reinigung, das Flicken und die Neuanfertigung der Wäsche zu überwachen. Sie hält die hauswirtschaftlichen Vorräte unter ihrem Verschluss, gibt das Nötige heraus und sorgt für die Ergänzung. Das weibliche Dienstpersonal, sowie die Frauenabteilung sind ihren Befehlen und ihrer Leitung unterstellt.

Die Hausgeistlichen.

§ 14.
Je ein evangelischer und ein katholischer Geistlicher besorgen an Sonn- und Feiertagen den Gottesdienst und verrichten die Seelsorge bei den Insassen der Anstalt. Ferner haben sie durch seelsorgerische Besprechungen und Besuche bei den einzelnen Sträflingen deren sittliche und religiöse Hebung anzustreben. Sie wirken auch bei der Fürsorge für die Gefangenen und deren Familien mit. Bei ernster Erkrankung ist der Geistliche zu benachrichtigen. Stirbt ein Insasse der Anstalt, so hat der Geistliche am darauffolgenden Sonntag einen Trauergottesdienst abzuhalten.

Der Anstaltsarzt.

§ 15.
Dem Anstaltsarzt liegt die Gesundheitspflege der Insassen ob. Er hat zu diesem Zwecke, so oft er gerufen wird, oder so oft es der Zustand eines Kranken erfordert, Besuche zu machen.

§ 16.
Ausserdem wird der Hausarzt von Zeit zu Zeit die Anstalt besuchen und auf Nahrung, Kleidung, Reinlichkeit, Heizung, Lüftung, wie auf alles, was auf den Gesundheitszustand der Gefangenen Einfluss hat, sein Augenmerk richten und wo Abhilfe nötig ist, dem Verwalter berichten.

§ 17.
Von Geistesgestörtheit, ansteckenden Krankheiten und sonstigen Fällen, in denen Versetzung eines Kranken aus der Anstalt nötig erscheint, hat er dem Verwalter sofort Anzeige zu machen, desgleichen, wenn gesunde Insassen aus Arbeitsscheu oder anderen Motiven sich krank melden.

§ 18.
Bei Todesfällen hat er den Totenschein auszustellen und die Leichenschau vorzunehmen.

Das Aufsichtspersonal.

§ 19.
Die Hauptaufgabe der Aufseher besteht in der aufmerksamen Beaufsichtigung und sicheren Verwahrung der Insassen. Ferner haben sie diese zur Arbeit anzuhalten, Unkundige anzuleiten und darauf zu sehen, dass tüchtige Arbeit geleistet wird.

§ 20.
Jeder Aufseher hat einen besonderen Arbeitsplatz, welchen er ohne Verständigung eines anderen Aufsehers nie verlassen darf. Fluchtverdächtige hat er beständig in seiner nächsten Nähe zu beschäftigen. An ausbruchsgefährlichen Orten darf kein Sträfling allein arbeiten.

§ 21.
Jeder Aufseher soll jederzeit genau wissen, wie viele und welche Leute er zu beaufsichtigen hat und wo sie beschäftigt sind. Muss ein Gefangener abtreten, so hat er sich beim Aufseher abzumelden.

§ 22.
Den Tordienst besorgt der Aufseher beim alten Schopf. Wenn das Haupttor geöffnet wird, darf sich kein Sträfling in unmittelbarer Nähe desselben

aufhalten. Nicht zur Anstalt gehörenden Personen ist der Eintritt in diese nur mit Erlaubnis des Verwalters gestattet.

§ 23.
Am Morgen begibt sich der Wachtdienst tuende Aufseher, sobald das Zeichen zum Aufstehen gegeben wird, auf seinen Posten. Er öffnet die Zellen, überzeugt sich, dass sich die Gefangenen gehörig waschen, ihre Wasch- und Nachtgeschirre leeren und beim Brunnen reinigen und tadellose Zimmerordnung erstellen.

§ 24.
Abends, wenn die Gefangenen in ihre Zellen abgeführt werden, erfolgt eine genaue Visitation eines jeden.

§ 25.
Mindestens zwei Aufseher müssen in der Anstalt übernachten.

§ 26.
Die Dienstzeit der Aufseher richtet sich nach der Tagesordnung der Insassen und ist für alle die genau gleiche. Es hat auch jeder Aufseher in regelmässiger Reihenfolge Wachtstubendienst, d.h. er muss am Morgen den Nachtwächter ablösen und am Abend auf dessen Ablösung warten.
Die ordentliche Dienstzeit ist folgende: morgens 6 ½–11 Uhr, nachmittags 13–18 Uhr.
Vom 1. November bis 1. März werden Tagwache und Arbeitsbeginn eine halbe Stunde später angesetzt, dafür wird mittags um 12 ½ Uhr mit der Arbeit angefangen.

§ 27.
Die ordentlichen Freitage für die Angestellten sollen keine Störung des Arbeitsbetriebes zur Folge haben. Der Sonn- und Feiertagsdienst, sowie die Freitage während der Woche, werden von Monat zu Monat bestimmt. Für den Sonntagsdienst wird im Laufe des Monats die entsprechende Zeit an Werktagen freigegeben.

§ 28.
Versuche zur Flucht sind mit allen Mitteln zu verhindern. Ist eine Entweichung dem Mangel an Vorsicht oder der Nachlässigkeit eines Angestellten zuzuschreiben, so kann dies je nach Umständen seine sofortige Entlassung zur Folge haben.

§ 29.
Die Aufseher und der Nachtwächter sind mit Revolvern bewaffnet. Sie dürfen in folgenden Fällen von der Waffe Gebrauch machen:

a) wenn ein Insasse bei Flucht- und Ausbruchsversuch Gewalt an Personen anwendet oder sich gewaltsam oder gar bewaffnet der Ergreifung widersetzt;
b) wenn ein Gefangener trotz zweimaligem Anruf über die Mauer, durch Türen, Fenster und dergleichen entweichen will;
c) zur Abwehr eines tätlichen Angriffes auf Personal oder Insassen der Anstalt, bei ernstlicher Gefahr und besonders bei Meuterei.

§ 30.
Die Aufseher haben keine Strafkompetenz. Sie haben aber jede Übertretung der Ordnung und Pflichten eines Gefangenen dem Verwalter zu melden. In Fällen von Widersetzlichkeit wird der Fehlbare in seine Zelle geführt und dem Verwalter verzeigt.

§ 31.
Unter Androhung sofortiger Entlassung wird davor gewarnt, Briefe der Gefangenen oder deren Angehörigen zu schmuggeln, streng dienstliche Vorsichtsmassregeln auszuplaudern oder sogar Gefangene zum Ungehorsam zu veranlassen. Tätlichkeiten gegen fehlbare Insassen, sofern es sich nicht um Notwehr handelt, sind untersagt, ebenso grobe und unwürdige Redensarten und jede Erwähnung ihrer Vergehen und Bestrafungen. Dagegen ist es ebenso untersagt, sich mit den Gefangenen auf allzu zutrauliche Gespräche einzulassen, allfällige Verstösse und Fehler zu übersehen und zu verschweigen oder Sträflinge für persönliche Dienstleistungen in Anspruch zu nehmen.

§ 32.
Der Untergebene, dem nach seiner Meinung durch einen Verweis oder andere Anordnungen seines Vorgesetzten Unrecht widerfahren ist, soll sich zuerst mit diesem darüber unter vier Augen aussprechen. Hat die persönliche Aussprache dem Untergebenen die ausreichende Aufklärung nicht gegeben, so kann er zur Beschwerde greifen. Die Beschwerde ist dem Verwalter, oder, wenn sie sich gegen diesen selbst richtet, dem Vorsteher des Justizdepartementes zum Entscheide vorzulegen. Der Beschwerdeführer hat dabei den Dienstweg einzuhalten.

Der Oberaufseher.

§ 33.
Dem Oberaufseher liegt im besonderen noch ob:
a) die Kontrolle der Dienstzeit und die Verteilung der ordentlichen Freitage der Aufseher, gemeinsam mit dem Verwalter;
b) die Handhabung äusserster Reinlichkeit und Ordnung im Blockhaus und in der Inquisitenabteilung;

c) die tägliche Kontrolle der Zellen. Eine wird in unregelmässiger Reihenfolge einer besonders genauen Untersuchung unterworfen. Der Oberaufseher hat dabei sorgfältig zu prüfen, ob die Zellengitter unverletzt sind, ob an Türen und Wänden etwas Besonderes wahrzunehmen ist, ob sich Gegenstände in den Zellen vorfinden, die nicht hinein gehören. Notwendige Reparaturen, Beschädigungen oder Verunreinigungen der Zellen und des Inventars sind dem Verwalter zu melden;
d) die genaue Untersuchung, die Einkleidung und Reinigung der ein- und austretenden männlichen Insassen;
e) die Führung eines Verzeichnisses der den Austretenden abgenommenen Effekten und ihre passende Aufbewahrung in der Wachtstube oder im Kleidermagazin. Geld und Wertsachen hat er gegen Bescheinigung an den Verwalter bzw. an das Verhöramt anzuliefern;
f) die Führung der nötigen Kontrollbücher und Tabellen über den Insassenbestand, die Ein- und Austretenden, die Arbeitsverteilung, die Verpflegungstage, den Verbrauch der Gefangenen, sowie die mutmassliche Rekapitulation derselben;
g) die Verteilung der Speise, sowie die Sorge um die Kranken und Arrestanten;
h) alle eingehenden Arbeiten für die Weberei genau zu buchen, mit den Namen der Kunden zu versehen und das daraus zu Verfertigende zu bezeichnen, wie auch die ausgehenden Arbeiten zu notieren;
i) alle zum Betriebe der Weberei gehörenden Gerätschaften zu kontrollieren;
j) das Rasieren der Insassen am Samstag;
k) die Instruktion und Kontrolle des Heizers;
l) die Prüfung der Kontrolluhr. Unregelmässigkeiten hat er dem Verwalter zu melden.

Der Werkmeister.

§ 34.

Dem Werkmeister kommen im besonderen folgende Obliegenheiten zu:
a) Er bespricht sich jeden Abend mit dem Verwalter über die Arbeitseinteilung für den folgenden Tag und nimmt die eingegangenen Bestellungen in Empfang. Er ist für deren genaue Ausführung verantwortlich.
b) er verteilt die Arbeit und die nötigen Werkzeuge an die Sträflinge;
c) er führt die Kontrolle über sämtliche Werkzeuge (Weberei ausgenommen) und hat die Aufsicht bei den Maschinen. Notwendig gewordene Neuanschaffungen meldet er dem Verwalter;
d) er kontrolliert, misst und bucht das eingehende Holz.

Der Nachtwächter.

§ 35.

Für den Nachtwächter gelten folgende Sondervorschriften:

a) Der Nachtwächter nimmt beim Dienstantritt die Kontrolluhr in Empfang, überzeugt sich, dass die Haustüren und Tore verschlossen sind, dass nur die vorgeschriebenen Lampen brennen und dass Ruhe herrscht.

b) Er hat mindestens stündlich die Anstalt und die Höfe zu begehen und dabei an den Schlüsselkasten die Kontrolluhr aufzuziehen. Die Gänge sollen tunlichst geräuschlos und nicht regelmässig durchgeführt werden. Besondere Vorkommnisse sind dem Verwalter zu melden.

c) Ist in dringenden Fällen das Betreten einer Zelle erforderlich, so ist vorher mindestens ein Aufseher, gegebenenfalls auch der Verwalter herbeizurufen. Das Öffnen und Betreten der Zelle hat dabei unter Beobachtung aller Vorsicht zu geschehen.

d) Bei Feuersgefahr oder auch in anderen Fällen, in denen die Sicherheit der Anstalt bedroht erscheint, erfolgt die sofortige Alarmierung sämtlicher Aufseher und des Verwalters.

e) Der Nachtwächter muss mit der Lage und dem Gebrauch der Feuerlöscheinrichtungen vertraut sein.

IV. HAUSORDNUNG DER STRAFANSTALT.

§ 36.

Über die Hausordnung der Strafanstalt wird ein besonderes Reglement aufgestellt.

V. SCHLUSSBESTIMMUNGEN.

§ 37.

Vorliegendes Reglement tritt mit dem 15. Januar 1927 in Kraft. Mit diesem Zeitpunkte ist das Reglement für die Strafanstalt im Sennhof vom 15. August 1870 aufgehoben.

Chur, den 31. Dezember 1926.
Das Justizdepartement Graubünden
Dr. Willi.

PROZESSBERICHTERSTATTUNG DER *NEUEN BÜNDNER ZEITUNG* VOM 25. UND 26. FEBRUAR 1931, BÜNDNER KANTONSGERICHT, CHUR

Stoffel vor Kantonsgericht.

Johann Stoffel aus Vals, der eine lange Reihe von Einbrüchen und Diebstählen auf dem Kerbholz hat, der längere Zeit die ganze bündnerische Bevölkerung beunruhigte, der überall seine Hand im Spiele hatte und doch nirgends war, der ausgerechnet in den Sennhof ein- und dort zweimal ausbrach, der lange Zeit der Polizei ein Schnippchen schlug, der der Churer Fastnachtsgesellschaft ein ausgezeichnetes Motiv und der Bevölkerung Stoff zu unzähligen Witzen lieferte, stand gestern vor den Schranken des Kantonsgerichtes.

Wie seinerzeit die Verhaftung, bedeutete auch die Gerichtsverhandlung eine Sensation für Chur. Schon lange vor 4 Uhr stand vor dem Gerichtsgebäude viel Volk (auch Frauen mit Kinderwägeli), um wenigstens etwas von diesem «berühmten» Stoffel zu sehen. Im Korridor und nachher im Gerichtssaal war ein unglaubliches Gedränge. Eng aneinander gepresst wie Heringe in einer Tonne stand das schaulustige Publikum da, kaum der Schule entwachsene Jünglinge, die holde Weiblichkeit jeden Alters und Formats, sowie weiteres Volk in bunter Mischung vom Professor bis zum Handwerker und Ausläufer. Mit einer Ausdauer, die einer besseren Sache würdig wäre, hielt es drei volle Stunden in dem erstickend heissen Raum aus, um ja kein Wort zu verlieren, keine Geste zu verpassen. Man konnte sich darüber seine Gedanken machen.

Das Gericht setzt sich zusammen aus Dr. Ganzoni, Präsident; Oberst Gartmann, Advokat Nicola, Landammann Brosi und Vinzens. Die Anklage vertritt Dr. Hitz-Walser, die Verteidigung hat Dr. Mirer übernommen.

Der Angeklagte, ein kleiner schmächtiger Bursche, in dem niemand den gerissenen Einbrecher vermuten würde, sitzt unbeweglich, in sich gekehrt, da. Er ist gebürtig aus Vals und 31 Jahre alt, wegen einer ganzen Reihe von Diebstählen in Anklagezustand versetzt worden.

Die Anklageschrift stellt fest, dass der Angeklagte bereits 13 Mal vorbestraft ist. Er führte ein unstetes, bewegtes Leben und hielt sich einige Jahre im Ausland auf, in der letzten Zeit vornehmlich in Graubünden, Glarus, St. Gallen und Zürich. Mehr als 50 Monate hat er hinter Gefängnismauern verbracht, zweimal war er in Realta. Aus den Ausführungen des Amtsklägers und der persönlichen Befragung ergibt sich folgendes Lebensbild: Johann Stoffel wurde 1899 geboren. Von Vals zog er mit seiner Mutter und seinem Stiefvater nach Uster und kam 1914 nach Köln, wo er zeitweise noch die Schule besuchte. Er versuchte es mit verschiedenen Berufen, lernte aber keinen fertig, weil er schwächlich war und arbeitete dann als Kellner. 1917, also während des Krieges, verübte er mit einem Genossen den ersten Einbruch, wofür er 7 Monate Gefängnis erhielt. 1919 kehrte er in die Schweiz zurück. Hier geht es weiter auf der schiefen Bahn. Immer wieder vergreift er sich an fremdem Gut, wird mit Arbeitshaus, Gefängnis und Zuchthaus bestraft. Aber alles nützt nichts. Kaum ist er in Freiheit, fängt das alte Leben an.

Wie der Vorsitzende das lange Sünden- und Strafregister vorliest, macht man sich allerlei Gedanken über Wert und Unwert unserer Strafmethoden, welche in soundso vielen Fällen vielleicht dem Rechte Genüge leisten, aber den Besserungszweck nicht erfüllen. Wenn man einen jungen Menschen ein Duzend mal mit Gefängnis und Zuchthaus bestraft, bevor man den Gedanken der dauernden Versorgung erwägt, wenn man ihn immer wieder auf die menschliche Gesellschaft loslässt, obwohl er ihre Gesetzte nicht beachten will oder nicht beachten kann – denn im Ausspruch Lombrosos vom delinquente nato, vom geborenen Verbrecher, ist viel Wahres enthalten –, so muss manches nicht stimmen.

Dass auch die Mitmenschen sehr oft mitschuldig sind und demjenigen, der einmal hinter Gefängnismauern sass, in gedanken- und herzloser Weise die Rückkehr zum ehrlichen Leben erschweren, wurde einem ebenfalls schmerzlich bewusst, als der Angeklagte auf die Frage des Vorsitzenden, warum er 1929 nicht in Rhäzüns bei der Arbeit geblieben sei, mit bewegter Stimme antwortete: Herr Präsident, wenn man einem immer wieder den Zuchthäusler und Realtasträfling vorhält, so würde auch ein anderer als der Stoffel schliesslich genug bekommen.

Während der letzten Jahre hielt sich Stoffel vorwiegend in Graubünden, St. Gallen, Zürich und Glarus auf. Er hatte mit verschiedenen Mädchen Verhältnisse, hausierte zeitweise mit Bildern und arbeitete gelegentlich als Mechaniker, als Sattler, auch in Hotels. Von Zürich aus unternahm er Streifzüge ins Glarner- und Bündnerland, auf denen er eine ganze Reihe von Einbrüchen und Diebstählen beging.

In Graubünden werden ihm folgende Straftaten zur Last gelegt: Im April 1929 wurde im Pfarrhaus Rhäzüns ein Pult erbrochen und 1100 Fr. entwendet. Da Stoffel damals sich in Rhäzüns aufhielt und auch beim Pfarrer vorsprach, fiel der Verdacht auf ihn. Er bestreitet indessen energisch die Tat begangen zu haben. Von Rhäzüns zog der Angeklagte nach St. Moritz. Dort entwendete er in der Villa Surlej Werkzeuge, erbrach damit in der Milchhalle einen Schrank und nahm das Geld an sich. Ein Velo liess er ebenfalls mitlaufen. Beim katholischen Pfarrer wurde der Angeklagte an der «Arbeit» gestört.

Im Juni des gleichen Jahres sprach Stoffel, der sich als Student ausgab und eine entsprechende Mütze trug, im Kreuzspital Chur vor und erkundigte sich auch im «Fontana» nach einer Verwandten. In der Nacht stieg er in das Bureau des Kreuzspitals ein und endwendete dort etwa 500 Fr. In der gleichen Nacht stahl er im Welschdörfli ein Velo, das er zur

Flucht benutzte. Er ging nach Zürich, kehrte aber bald wieder ins Bündnerland zurück. Diesmal stattete er seiner Heimatgemeinde Vals einen Besuch ab. Am 6. Juli wurden bei Peiden einem italienischen Arbeiter aus den Kleidern 250 Franken gestohlen. Dieser Diebstahl wird Stoffel ebenfalls zur Last gelegt aber bestritten. Am Tage darauf verübte Stoffel in Vals einen Einbruch ins Hotel «Adula». Es fielen ihm nach seinen Aussagen zwischen 500–700 Fr. in die Hände. Der Angeklagte kehrte wieder nach Zürich zurück, erschien aber schon Mitte Juli wieder in Chur und brach im Mariaheim ein. Geld fand er dort keines, dafür aber 500 Franken im Bureau des Sennhofes, dem er einen nächtlichen Besuch abstattete. Noch ergiebiger war der am 1. August im «Sternen» unternommene Einbruch, denn dort fielen ihm etwa 4800 Fr. in die Hände. Mit diesem Geld machte Stoffel gemeinsam mit seiner Geliebten Burkhalter eine Reise durch das Prättigau ins Montafun nach Innsbruck und Salzburg, wo er sich als Pilot Steiner aus Zürich ausgab und wo sich die beiden wohl sein liessen. Bei der Rückkehr Ende August wurde der Angeklagte in St. Gallen verhaftet und dem Sennhof eingeliefert. Er trug noch 31 Fr. auf sich.

Schon am 1. September entkam er aber aus dem Gefängnis, wurde indessen noch am gleichen Tag in Landquart dingfest gemacht, entwich aber zum zweitenmal am 3. Oktober. Nur in Hemd und Hose, ohne Hut und Schuhe machte er sich davon, stahl aus einem Hause an der Kreuzgasse etwa 100 Franken und wandte sich nach Rhäzüns, wo er sich im Konsumladen ausstaffierte und verproviantierte. Von hier fuhr er ins Engadin, brach am 6. Oktober in die Villa von Dr. Bernhard ein, wo er zwischen 1300 und 1400 Franken erbeutete. Um die gleiche Zeit wurde auch in die leerstehende Villa Fonjallaz eingebrochen. Der Verdacht richtete sich sofort auf Stoffel, der aber die Tat bestreitet. Er wird aber durch den Umstand belastet, dass am Tatort ein Taschentuch gefunden wurde, wie es die Sträflinge haben. Auch die Fingerabdrücke weisen auf Stoffel. Kurz vor Weihnachten tauchte Stoffel in Davos auf, wo er früher in Arbeit gestanden. Er entwendete dort in zwei Sanatorien kleinere Beträge. Später wurden auch in der Herrschaft einige Diebstähle gemeldet, deren Täterschaft aber nicht festgestellt werden konnte. Stoffel wandte sich nach Zürich und Glarus, wo er sein «Handwerk» weiter betrieb und grössere Summen endwendete. Indessen ging auch hier der Krug zum Brunnen, bis er brach. Am 8. Februar 1930 wurde er in Zürich verhaftet.

Von diesen ihm zur Last gelegten Vergehen bestreitet Stoffel drei: den Einbruch ins Pfarrhaus Rhäzüns, den Diebstahl in Peiden und den Einbruch in die Villa Fonjallaz. Die Einvernahme des Angeklagten, der prompt, aber sehr überlegt antwortet, fördert nichts Neues zu Tage, als eine neue Darstellung der zweiten Flucht. Was er getan habe, habe er alles gestanden, an den erwähnten drei Fällen sei er nicht beteiligt. Es hätte ja keinen Sinn, diese weniger wichtigen Vergehen zu leugnen.

Der Ankläger stellt folgenden Strafantrag:

1. Stoffel Johann sei des wiederholten ausgezeichneten Diebstahls unter erschwerenden Umständen, sowie des wiederholten Versuches von ausgezeichnetem Diebstahl unter erschwerenden Umständen schuldig zu erklären.
2. Stoffel sei dafür zu bestrafen mit vier Jahren Zuchthaus und zehn Jahren Ehrverlust.
3. Er habe den verursachten Schaden zu ersetzen und sämtliche Untersuchs-, Gerichts- und Strafvollzugskosten zu tragen.
4. Das Urteil sei der Heimatgemeinde, eventuell der sonst zuständigen Behörde, mitzuteilen, mit der Einladung, geeignete Massnahmen zur dauernden Versorgung des Stoffel zu treffen.

Am Mittwochvormittag wird nach Verlesung einiger Polizeirapporte die Einvernahme des Angeklagten fortgesetzt. Der Angeklagte bestreitet auch heute die drei erwähnten Diebstähle. Auch die Kreuzfragen des Staatsanwaltes ergeben kein anderes Resultat. Auf die Frage, was er mit dem entwendeten Geld – es waren im Jahr 1929 etwa 10 000 Fr. – getan habe, gibt er an, er habe einen Teil seiner Braut Burkhalter gegeben, aber auch seine Mutter mit kleineren Beträgen unterstützt. Auf die Seite gelegt hat er nichts. Stoffel erklärt wiederum, dass er noch nie von einem Menschen Hilfe erfahren. «Immer liess man mich fühlen, dass ich der Stoffel bin.» Auf Befragen des Verteidigers erklärt er die näheren Umstände des ersten Einbruches in Köln. Der Stiefvater mochte ihn nicht leiden, und in einer Munitionsfabrik machte er die Bekanntschaft mit einem Einbrecher.

Darauf erhält der Staatsanwalt das Wort zur Anklagerede. Über den weiteren Verlauf der Verhandlungen werden wir morgen berichten.

Die Anklagerede des Staatsanwaltes.

Der Staatsanwalt durchgeht summarisch den Strafkalender des Angeklagten und stellt fest, dass er auf seinen verschiedenen Streifzügen in Graubünden im ganzen 24 Personen um grössere oder geringere Beträge geschädigt hat. Der Angeklagte gibt 15 der ihm zur Last gelegten Fälle zu. Der Staatsanwalt ist überzeugt, dass er auch die drei bestrittenen Diebstähle begangen hat und versucht, dafür den Nachweis zu erbringen. Der Diebstahl bei Pfarrer Platz in Rhäzüns ist von einer Person verübt worden, die die Örtlichkeiten kannte. Stoffel war längere Zeit in Rhäzüns und hat sich über die Verhältnisse genau informiert. Der Diebstahl ist am 28. oder 29. März 1929 erfolgt. In der kritischen Zeit ist Stoffel über Sargans nach Zürich gefahren, wo er am 29. gesehen wurde. Über seinen Aufenthalt kann er keinen genaueren Nachweis erbringen. Stoffel ist statt nach Glarus, wie er angab, nach Rhäzüns gefahren, hat die 1100 Franken entwendet und ist nach Zürich zurückgekehrt. Seine ehemalige Logisfrau glaubt ihn in Rhäzüns gesehen zu haben. Als Stoffel am 2. April wieder in St. Gallen erschien, war er gut bei Kleidung und bei Kassa, sodass er seiner Geliebten Geschenke machen konnte. Was dann den Diebstahl in Peiden anbelangt, so ist kein anderer Täter bekannt. Stoffel ging am 6. Juli dort vorbei, hat in einem Stall bei Furth übernachtet. Es ist wohl möglich, dass er ursprünglich nicht die Absicht hatte zu stehlen, aber es bot sich eine günstige Gelegenheit, und der Angeklagte benützte sie.

Dass Stoffel auch den Einbruch in der Villa von Herrn Fonjallaz in St. Moritz ausgeführt hat, geht nach der Ansicht des Staatsanwaltes aus folgenden Tatsachen hervor: Stoffel übernachtete in einem Stall in der Nähe und konnte feststellen, dass die Villa unbewohnt war. Beim Einbruch ist die Feile benützt worden, die man nach dem Einbruch in der Villa Dr. Bernhard fand. Ausserdem ist ein farbiges Taschentuch am Tatort gefunden worden, wie es im Sennhof den Sträflingen abgegeben wird. An und für sich ist das zwar kein Beweis, aber im Zusammenhang mit den übrigen Indizien. Die Fingerabdrücke dagegen stammen nicht von Stoffel (wie gestern irrtümlich gemeldet wurde), aber Stoffel kann sehr wohl Handschuhe getragen haben.

Nach Ansicht des Staatsanwaltes ist die Täterschaft Stoffels auch in diesen drei Fällen erwiesen. Stoffel hätte sich demnach in 18 Fällen des vollendeten und in mehreren des versuchten Diebstahles schuldig gemacht. Und zwar handelte es sich um ausgezeichneten Diebstahl, weil der Täter eingestiegen, eingebrochen oder eingeschlichen ist, meistens zu nächtlicher Zeit und mit Werkzeugen versehen. Auch die Versuche qualifizieren sich als ausgezeichnet.

Für die Strafmessung ist massgebend der Deliktsbetrag und die sonst angerichtete Schädigung. Der Totalbetrag belauft sich auf 11401 Fr., nach Angabe Stoffels auf 12500 Fr., da er erklärte, im «Sternen» 4800 Fr. entwendet zu haben, während Frau Taverna nur mindestens 4000 Fr. angezeigt hat. Davon wurden erstattet oder ersetzt 1200 Fr. Objektiv erschwerend kommt im Betracht die Grösse der Schäden, die in unserem Fall ganz bedeutend sind, wozu noch kommt, dass das Geld teilweise wirtschaftlich keineswegs gutgestellten Personen gehörte.

In subjektiver Beziehung kommt erschwerend in Frage der Umstand, dass der Angeklagte kühl und frech sein Diebeshandwerk betrieben hat. Die Diebstähle erfolgten dort, wo er früher in Arbeit stand, oder wo die Örtlichkeiten ausgekundschaftet wurden, raffiniert, ohne Rücksicht auf den früheren Arbeitgeber. Nicht nur die Reichen, sondern auch die Armen wurden bestohlen. Und zwar nicht etwa aus Not. Beim Bilderhandel hat Stoffel ordentlich verdient, hatte auch sonst verdient und wurde wiederholt angestellt, trotzdem man seine Vorstrafen kannte. Er kann sich über das Verhalten seiner Mitmenschen nicht beklagen. Er wurde immer wieder rückfällig, und zwar nicht nur um der Al. Burkhalter Geschenke machen zu können, obwohl die verschiedenen Mädchenbekanntschaften viel Geld kosteten.

Stoffel wollte gerne gut leben. Nicht äussere Umstände haben ihn zum Stehlen veranlasst, sondern Veranlagung, die vielen Bekanntschaften, sowie die Sucht, gut und ohne Arbeit zu leben. Erschwerend kommt noch hinzu, dass Stoffel auch noch bewaffnet war mit einem Beil, einem Dolch, einem Revolver. Wenn er von der Waffe niemals Gebrauch machte, so nur darum, weil er immer entfliehen konnte, weil er niemals auf Widerstand stiess. Er ist also keineswegs der harmlose Stoffel, als der er sich ausgibt. Stoffel ist auch nicht reuig. Er hat nur gestanden, weil er wusste, dass man ihm die Täterschaft nachweisen konnte.

Alles das beweist, dass Stoffel unverbesserlich ist. Er wurde wiederholt ermahnt, und man hat der Heimatgemeinde die Versorgung nahegelegt. Eine Besserung ist unter diesen Umständen so gut wie aussichtslos, und die Strafe soll darum nur als Vergeltung für die begangenen Taten dienen. Und dann muss er versorgt und die menschliche Gesellschaft vor ihm gesichert werden.

Das Plädoyer des Verteidigers.

Dr. Mirer stellt einleitend fest, dass im Strafprozess allgemein, in diesem Fall aber besonders die Tendenz besteht, den Täter als Sündenbock zu stempeln und ihm alles aufzubürden, was im Jahre 1929 in Bünden irgendwo gestohlen wurde. Stoffel hat gestanden, was er getan hat, und wenn man ihm im weiteren nicht glauben will so darf man anderwärts dem Staatsanwalt nicht mehr glauben, als was er beweisen kann. Davon, dass die Anklage in den drei bestrittenen Fällen Stoffel der Täterschaft hätte überführen können, ist keine Rede.

Wenn im Rhäzünser Fall angeführt wird, die ehemalige Logisfrau glaube Stoffel dort in der kritischen Zeit gesehen zu haben, so lässt das die Möglichkeit zu, Stoffel sei dort gewesen, aber es ist keine Tatsache, also auch kein Indiz. Dagegen steht fest, dass der Angeklagte in der kritischen Zeit in Zürich bei seiner Mutter war. Auch der Umstand, dass er in St. Gallen besser bei Kassa war, beweist gar nichts. Wenn er dort ein privates Zimmer nahm und sich nicht anmelden wollte, so nicht aus Furcht vor der Polizei, sondern aus Furcht vor den beiden Geliebten. Denn es ist viel gefährlicher, wenn zwei verliebte Mädchen hinter einem her sind als die Polizei (Heiterkeit). Von einer geschlossenen Indizienreihe, welche berechtigen würde, im Sinne des Gesetzes Stoffel als den Täter anzunehmen, ist keine Rede.

Noch viel weniger kommt Stoffel als Täter beim Diebstahl in Peiden in Betracht. Wenn man keinen andern Täter eruieren konnte, so darf man die Schuld nicht einfach Stoffel in die Schuhe schieben. Von einem Beweis oder einem Indiz ist auch nicht eine blasse Spur da, es fehlen jegliche Anhaltspunkte.

Auch im dritten Fall fallen die sogenannten belastenden Momente bei näherer Betrachtung in sich zusammen. Wenn beim Einbruch in der Villa Fonjallaz die gleiche Feile verwendet wurde, wie beim Einbruch in der Klinik von Dr. Bernhard, so würde das nur als Beweis gelten, sofern es nur eine Feile gleicher Art gäbe. Es gibt aber deren Hunderte nur in St. Moritz, wie auch in Graubünden mehr farbige als weisse Taschentücher benutzt werden. Man hat dieses ominöse Taschentuch überhaupt nicht gesehen. Und wieso will man wissen, der Ende Oktober entdeckte Einbruch sei ausgerechnet am 6. Oktober verübt worden als Stoffel in St. Moritz war? Gegen die Täterschaft Stoffels spricht ganz klar die Tatsache, dass die Fingerabdrücke, die vom Täter herrühren, nicht diejenigen Stoffels sind. Handschuhe aber hinterlassen Handschuhabdrücke. Wenn Stoffel die in der Villa entwendeten Touristenanzüge an sich genommen hätte, so hätte er nicht nachher in Glarus einen neuen Touristenanzug gekauft und noch beim Grenzübertritt das in Rhäzüns gestohlene Überkleid getragen. Da Stoffel diese drei Diebstähle nicht zur Last fallen, reduziert sich der Deliktsbetrag auf etwa 9000 Franken.

Wenn der Staatsanwalt Stoffel als einen gefährlichen Menschen bezeichnet hat, der Waffen auf sich trug, so ist dem entgegenzuhalten, dass der Angeklagte weder Menschen noch Tieren je etwas zuleide getan hat. Beil und Messer dienten ihm lediglich als Einbruchswerkzeuge, und wenn er im Sennhof auch einen Revolver mitnahm, so um ihn zu verkaufen auch hat er nie einem armen Teufel etwas genommen. Dagegen hatte Stoffel ein unverschämtes Diebesglück. Noch verhängnisvoller war sein Liebesglück, dessen finanziellen Anforderungen er nicht gewachsen war. Stoffel war leichtsinnig, aber nicht schlecht. So wurde und wird seine Person im Volke beurteilt. Stoffel hatte eine bessere Presse als mancher Politiker vor einer Wahl.

Für die Beurteilung der Schuldfrage verweist der Verteidiger auf ein Urteil des Kantonsgerichtes von 1925, wo als Minderungsgründe angeführt werden: mangelhafte Erziehung, schlechtes Beispiel im Elternhaus sowie eine gewisse erbliche Belastung zum Vagabundentum. Hier liegen die Wurzeln, die Erklärungsgründe für sein späteres Leben, für seine Verfehlungen. Stoffel ist ein uneheliches Kind und hat all die Bitterkeiten dieser vom Schicksal so benachteiligten Menschenkinder erleben müssen.

In der Heimatgemeinde, so sagt er in einem selbstverfassten Lebenslauf, wurde er als Last empfunden, man schleuderte ihm den Bastard ins Gesicht; schon früh wurde er verdingt. Mit seinem Stiefvater, der ihn nicht leiden mochte, zog er nach Uster, dann nach Zürich und hausierte allein und mit seiner Mutter bereits im Schulalter, um den Lebensunterhalt zu verdienen. Von Zürich kam er nach Köln, und man kann sich leicht vorstellen, welchen demoralisierenden Einfluss das Grossstadtmilieu, dazu noch in der Kriegszeit, auf einen Menschen ohne Halt und Hilfe machen musste. Stoffel versucht es als Mechaniker, als Portier, als Kellner, arbeitet in einer Munitionsfabrik, gerät unter den Einfluss eines «Freundes» und seiner Schwestern und wird zum ersten Diebstahl verleitet. Stoffel ist ohne seine Schuld in einer Umgebung aufgewachsen, die ihm geistig und finanziell nichts geben konnte, weil sie selber nichts hatte. Die Erziehung sagte ihm nur, dass die Welt unmenschlich, ungerecht ist, und da seine traurigen Erfahrungen das bestätigten, so lebte er gedankenlos und leichtsinnig in den Tag. Dazu kam, dass Stoffel gerade in der letzten Zeit vom Publikum zum Held gestempelt wurde, was ihn auf der schiefen Bahn immer weiter drängte.

So ist Stoffel ein Opfer, das unter Mitschuld der Gesellschaft selber schuldig wurde. Seine Schuld ist also eine gemilderte und verlangt eine mildere Strafe. Strafmildernd wirkt auch das Geständnis Stoffels, das er freiwillig abgelegt hat. Der Angeklagte sieht ein, dass er gefehlt hat und ist bereit, die Strafe zu tragen, aber sie sollte nicht so schwer sein, dass sie ihn erdrückt. Man soll ihm die Umkehr nicht allzu sehr erschweren und zu den 2 ½ Jahren Gefängnis, die ihm in Zürich diktiert wurden, eine noch schwerere Freiheitsstrafe aufladen. Dass Stoffel den ernsten Willen zur Besserung hat, geht auch aus seiner einwandfreien Führung in der zürcherischen Strafanstalt Regensdorf hervor, die durch ein Schreiben des Direktors bescheinigt wird. Stoffel lernt dort den Schneiderberuf, und Direktor Heusser erklärt selber, dass auf eine nachhaltige Besserung gehofft werden dürfe. Der Strafantrag des Amtsklägers geht viel zu weit. Eine Strafe von 18–20 Monaten dürfte den Verhältnissen und der Billigkeit entsprechen.

Zum Schluss bittet Stoffel mit weinender Stimme das Gericht, ihn nicht zu hart zu bestrafen. Er habe schwer gefehlt, aber er wolle nun ein anderes Leben beginnen, und deshalb möchte man ihm nicht mehr aufladen, als er tragen könne.

Damit sind die Verhandlungen zu Ende. Da der Angeklagte bei der Urteilsverkündung lieber nicht anwesend ist, wird er nach Zürich geführt. Der Saal, der am Nachmittag womöglich noch voller war als am Tage vorher, lehrt sich. Vor dem Kantonsgericht steht auch am Mittag noch eine grosse Menge, die auf den Abtransport Stoffels, der das Gespräch des Tages ist, wartet, und den Fall bespricht.

Das Urteil lautet: wegen wiederholten ausgezeichneten Diebstahls wird Johann Stoffel zu 2½ Jahren Zuchthaus und nach Verbüssung der Strafe zu 5 Jahren Einstellung in den bürgerlichen Rechten verurteilt. Überdies hat Stoffel für sämtliche Kosten aufzukommen.

Der Verurteilte ist gestern Abend nach Zürich abtransportiert worden.

1876, 18. Juli	Geburt von Mutter Katharina Stoffel(-Schärer) in Vals
1899, 10. März	Geburt von Johann (Hans) Stoffel in Vals
1908	Stoffel zieht zur Mutter nach Zürich
1915, Juli	Stoffel zieht mit der Mutter und dem Stiefvater nach Köln
1918, 9. November	Stoffel kommt mit der Mutter zurück nach Zürich
1919, 11. März	Zürcher Kantonsverweisung
1929, 16./17. Juli	Nächtlicher Einbruch ins Churer Gefängnis Sennhof
1929, 1. August	Beutezug im Hotel Stern in Chur
1929, 4. August	Vergnügungsreise nach Wien mit Freundin Alice Burkhalter
1929, 30. August	Verhaftung in St. Gallen
1929, 31. August	Einlieferung in den «Sennhof»
1929, 1. September	Ausbruch aus dem «Sennhof»; erneute Verhaftung am Bahnhof Landquart; Wiedereingliederung in den «Sennhof»
1929, 4. Oktober	Zweiter Ausbruch aus dem «Sennhof»
1929, Oktober	Stoffel ist Thema im *Nebelspalter*
1929, 24. Oktober	«Lustiges vom Stoffel» in den *Liechtensteiner Nachrichten*
1930, 8. Februar	Verhaftung am Zürcher Hauptbahnhof
1930, 27. Juni	Verurteilung durch das Glarner Kantonsgericht
1930, 2. September	Verurteilung durch das Zürcher Obergericht und gescheiterter Fluchtversuch
1931, 25. Februar	Verurteilung durch das Bündner Kantonsgericht
1934	Bauliche Verbesserungen im «Sennhof»
1937, 22. Oktober	Stoffel heiratet Ruth Stamm aus Thayngen
1943, 28. Februar	Geburt von Tochter Gerdy in Schaffhausen
1970, 7. April	Johann Stoffel stirbt im Kantonsspital Schaffhausen
1971	Erscheinen des Büchleins «La fuigia dil Stoffel»

Archive

Gemeindearchiv Vals
Staatsarchiv Graubünden, v. a. StAGR III 23 d 2 (Stoffel, Johann, Dossiers 1920, 1923, 1925 und 1929, mit Datumsvermerk, sofern vorhanden)
Staatsarchiv des Kantons Zürich
Stadtarchiv Zürich

Zeitungen

Bündner Tagblatt
Bündner Volkswacht/Volksstimme
Davoser Zeitung
Der freie Rätier
Gasetta Romontscha
Il Grigione Italiano
La Casa Paterna
Liechtensteiner Nachrichten
Liechtensteiner Volksblatt
Neue Bündner Zeitung
Neue Zürcher Zeitung
NZZ am Sonntag
Schaffhauser Nachrichten
Schweiz am Wochenende
Schweizerischer Polizei-Anzeiger
Südostschweiz
untergrund blättle
WOZ Die Wochenzeitung

Interviews

Folgenden Personen sei für ihre Auskunftsbereitschaft gedankt:
Mathilda Blumenthal-Stoffel, Bern
Christian Brazerol, Schmitten
Theo Candinas, Surrein
Hans Caprez, Castrisch
Bernard Cathomas, Chur
Agnes Gartmann-Gort, Vals
Peter Loretz, Chur
Ruedi und Theres Peng-Illien, Chur
Jakob Pfister, Waltensburg/Vuorz
Alfred Rieder, Vals
Gaudenz Schmid, Chur
Beat Schnider, Vals
Pius Schnider, Vals
Gerdy und Kurt Stahel-Stoffel, Schaffhausen
Alois Stoffel, Vals
Bartolome Tscharner, Savognin
Angelica Tuor, Domat/Ems
Isidor Winzap, Falera

Literatur

Beer, Pascal: Reise ans Ende der Welt. Zihlschlacht 2017.
Brandenberger, Kurt: Marco Camenisch, lebenslänglich im Widerstand. Basel 2005.
Brütsch, Max: Die alte Strafanstalt Regensdorf in der Fotografie. Regensdorf 1999.
Brütsch, Max: Kant. Strafanstalt Pöschwies. Fragmente der Vergangenheit I bis III. Regensdorf 1996–2000.
Bündnerischer Polizeibeamtenverein (Hg.): 150 Jahre Landjägerkorps Graubünden, 50 Jahre Polizeibeamtenverein, 1804, 1904. Davos 1954.
Camenisch, Martin: Die Entstehung des Polizeiwesens in Graubünden. Von den Anfängen im ausgehenden 18. Jahrhundert bis 1848, in:

Jahrbuch der Historischen Gesellschaft von Graubünden 142 (2002), S. 5–101.
Camenisch, Martin: «Hoch Geachter Her Verhörrichter …» Polizeialltag im Bündner Landjägerkorps 1818–1848. Baden 2016.
Candinas, Theo: La fuigia dil Stoffel. Chur 1971 (Version in Sursilvan).
Churer Stadtgeschichte, 2 Bände. Chur 1993.
D'Anna, Gianfranco: Thebell, Alfred: Physiker und Fälscher. Biel 2014.
Dazzi, Guadench et al.: Puur und Kessler. Sesshafte und Fahrende in Graubünden. Baden 2008.
Dethlefs, Philip: Robin Hood kämpft im neuen Look, in: Südostschweiz vom 10. Januar 2019.
Ebnöther, Karl: Polizeigeschichte in der Schweiz. Zürich 1995.
Fallada, Hans: Wer einmal aus dem Blechnapf frisst. Berlin 1934.
Fanconi, Eduard: Das Kantonsverhöramt von Graubünden 1816–1941, in: Bündner Monatsblatt 1943, S. 92–94.
Frank Allan, der Rächer der Enterbten, Bd. 1–612. Leipzig o. J.
Geisseler, Luca / Pult, Jon: Rhätiens hoffnungsvolle und nicht hoffnungslose Bahn. Deutung und Bedeutung der Rhätischen Bahn aus Sicht der Bündner Politik von 1880 bis 2008, Lizenziatsarbeit Universität Zürich, 2010.
Gillardon, Paul: Vorgeschichte der bündnerischen Strafanstalt Sennhof, in: Bündner Monatsblatt 1937, S. 257–286.
Hafner, Karl: Geschichte der Gefängisreformen in der Schweiz. Bern 1901.
Halder, Nold: Leben und Sterben des berüchtigten Gauners Bernhard Matter. Eine Episode aus der Rechts- und Sittengeschichte des 19. Jahrhunderts. Beiträge zur Geschichte des Strafvollzugs und des Gefängniswesens im Kanton Aargau, Bd. 5. Aarau 1947, zweite Auflage 1977.
Hausordnung für die Strafanstalt Sennhof. Chur 1927.
Historisches Lexikon der Schweiz online, http://www.hls.ch/.
Hobsbawm, Eric J.: Sozialrebellen. Archaische Sozialbewegungen im 19. und 20. Jahrhundert. München 1962.
Hugger, Paul: Sozialrebellen und Rechtsbrecher in der Schweiz. Eine volkskundlich-historische Studie. Zürich 1976.
Hutterli, Kurt: Gaunerblut. Das Leben des Ein- und Ausbrecherkönigs Bernhard Matter. Posthum von ihm selbst dargestellt und mit Materialien aus der Sammlung seines Schreibers ergänzt. Zürich 1990.
Jörger, Johann Joseph: Die Familie Zero, in: Archiv für Rassen- und Gesellschaftsbiologie einschliesslich Rassen- und Gesellschaftshygiene 4 (1905), S. 494–559.
Kocka, Jürgen (Hg.): Bürger

– Kleinbürger – Nation. Geschichte und Gesellschaft. Zeitschrift für Historische Sozialwissenschaft 16/3 (1990).
Kuster, Matthias: Die Reformation des bündnerischen Strafvollzugs im 19. Jahrhundert, Masterarbeit Universität St. Gallen, 2011.
Kuster, Matthias: 200 Jahre Bündner Strafvollzug. Die Geschichte der Churer Anstalt Sennhof 1817–2017. Chur 2017.
Landwehr, Achim: Historische Diskursanalyse. Frankfurt am Main 2008.
Margrittli-Kligga: 100 Jahre Churer Fasnacht. Chur 1983.
Maurer, Alfred: Beschwerlicher Aufstieg. Erinnerungen eines Juristen, 2 Bände. Basel 1990.
Metz, Peter: Geschichte des Kantons Graubünden, 3 Bände. Chur 1989–1993.
Metz, Peter: Staat und Verwaltung, in: Handbuch der Bündner Geschichte, Bd. 3. Chur 2000, S. 283–309.
Mirer, Eduard: Das Armenwesen im Kanton Graubünden. Freiburg 1922.
Opitz-Belakhal, Claudia / Studer, Brigitte / Tanner, Jakob (Hg.): Kriminalisieren – Entkriminalisieren – Normalisieren. Zürich 2006 (Schweizerische Gesellschaft für Wirtschafts- und Sozialgeschichte, Bd. 21).
Petersen, Andreas: Radikale Jugend. Die sozialistische Jugendbewegung der Schweiz 1900–1930. Eine Studie zur Radikalisierung der Jugend. Zürich 2001.
Pieth, Friedrich: Bündnergeschichte. Chur 1945.
Reglement für die kantonale Strafanstalt Sennhof. Chur 1926.
Rogger, Franziska / Herren, Madeleine: Inszeniertes Leben. Die entzauberte Biografie des Selbstdarstellers Dr. Tomarkin. Zürich 2012.
Seglias, Loretta: Die Schwabengänger aus Graubünden – saisonale Kinderemigration nach Oberschwaben. Chur 2004 (Quellen und Forschungen zur Bündner Geschichte 13).
Wehler, Hans-Ulrich (Hg.): Geschichte und Psychoanalyse. Köln 1971.
Wehler, Hans-Ulrich: Geschichte als historische Sozialwissenschaft. Frankfurt am Main 1973.
Wildberger, Emmi, in: Cathomas-Bearth, Rita et al. (Hg.): Erzählenhören. Frauenleben in Graubünden. Chur 1998.
Wottreng, Willi: Farinet: Die phantastische Lebensgeschichte des Schweizer Geldfälschers, der grösser war tot als lebendig. Zürich 2008.
Wottreng, Willi: Deubelbeiss & Co. Wie ein Gangsterduo die Schweiz in Schrecken versetzte. Zürich 2015.
Zinsli, Daniel: Kantonspolizei Graubünden. Vom Landjägerkorps zur modernen Polizei, in: Bündner Kalender 167 (2008), S. 77–85.

1 Neue Bündner Zeitung vom 25. Februar 1931.
2 StAGR III 23 d 2 (Stoffel, Johann, Dossier 1929, 15. Februar 1931).
3 Zivilstandsregister der Gemeinde Vals.
4 So etwa Verteidiger Eduard Mirer beim grossen Prozess gegen Stoffel, in: Neue Bündner Zeitung vom 26. Februar 1931.
5 Simonett, Jürg: «Vals» und «Valserberg», in: Historisches Lexikon der Schweiz online, http://www.hls.ch/.
6 Lebenslauf, StAGR III 23 d 2 (Stoffel, Johann, Dossier 1929, 15. Februar 1931), S. 1f. Transkription: Jürg Simonett.
7 Interview mit Gerdy Stahel-Stoffel in Schaffhausen am 30. Juni 2015.
8 Lischer, Markus: «Verdingung», in: Historisches Lexikon der Schweiz online, http://www.hls.ch/ und Ausstellung Rätisches Museum Chur, Herbst 2010.
9 Lebenslauf, S. 1f.
10 Petersen, Andreas: Radikale Jugend. Die sozialistische Jugendbewegung der Schweiz 1900–1930. Eine Studie zur Radikalisierung der Jugend. Zürich 2001, S. 185–187.
11 Lebenslauf, S. 2–4.
12 Ebd., S. 4.
13 Degen, Bernard: «Landesstreik», in: Historisches Lexikon der Schweiz online, http://www.hls.ch/; Metz, Peter: Geschichte des Kantons Graubünden, Bd. 3. Chur 1993, S. 29; Gautschi, Willi: Der Landesstreik 1918, Bd. 1. Zürich 1988, S. 204.
14 Anlässlich der Verhaftung eines militanten Sozialisten kam es dort zu einer Demonstration vor dem Bezirksgebäude, bei der die Polizei drei Menschen erschoss. Vgl. Baertschi, Christian: «Wyss, Conrad», in: Historisches Lexikon der Schweiz online, http://www.hls.ch/.
15 StAGR III 23 d 2 (Stoffel, Johann, Dossier 1929, Brief der Mutter an den Kantonsgerichtspräsidenten in Chur vom 18. Februar 1931).
16 StAGR III 23 d 2 (Stoffel, Johann, Dossier 1929).
17 Lebenslauf, S. 4.
18 StAGR III 23 d 2 (Stoffel, Johann, Dossier 1929).
19 StAGR III 23 d 2 (Stoffel, Johann, Dossier 1920).
20 Schweizerischer Polizei-Anzeiger vom 13. Februar 1923, S. 69.
21 Neue Bündner Zeitung vom 25. Februar 1931.
22 Liechtensteiner Volksblatt vom 3. Juli 1930.
23 Liechtensteiner Nachrichten vom 10. Mai 1930.
24 StAGR III 23 d 2 (Stoffel, Johann, Dossier 1929).

25 Der freie Rätier vom 26. Februar 1931.
26 StAGR III 23 d 2 (Stoffel, Johann, Dossier 1929).
27 Gasetta Romontscha vom 9. Januar 1930. Originaltext in Sursilvan: «Gion Stoffel ei aunc adina sin viadi! A Tavau ha el visitau in sanatori, nua ch'el ei staus portier avon onns, pesesez buca senza prender ina memoria ord cassa. A Mezzaselva en Portenza ha el priu in refrestg.» Übersetzung: Jürg Simonett.
28 StAGR III 23 d 2 (Stoffel, Johann, Dossier 1923).
29 Schwager, Nicole: Der Fingerabdruck als kriminalisierendes Zeichen. Die behördliche Diskussion über die Einführung von Fingerabdrücken im Schweizer Pass, 1911 bis 1926, in: Opitz, Claudia; Studer, Brigitte und Tanner, Jakob (Hg.): Kriminalisieren – Entkriminalisieren – Normalisieren. Zürich 2006 (Schweizerische Gesellschaft für Wirtschafts- und Sozialgeschichte, Bd. 21), S. 264f.
30 Fiche im Archiv/Museum der Bündner Kantonspolizei in Chur.
31 StAGR III 23 d 2 (Stoffel, Johann, Dossier 1923).
32 Lebenslauf, S. 4.
33 Neue Bündner Zeitung vom 25. Februar 1931.
34 Der freie Rätier vom 26. Februar 1931.
35 Davoser Zeitung vom 26. Februar 1931.
36 Neue Bündner Zeitung vom 25. Februar 1931.
37 Gschwend, Lukas: «Gefängnisse», in: Historisches Lexikon der Schweiz online, http://www.hls.ch/.
38 Im Folgenden vor allem Kuster, Matthias: 200 Jahre Bündner Strafvollzug. Die Geschichte der Churer Anstalt Sennhof 1817–2017. Chur 2017.
39 Nach Kuster, 200 Jahre, S. 59.
40 Ebd., S. 42.
41 Ebd., S. 94.
42 Nach Kuster, Matthias: Die Reformation des bündnerischen Strafvollzugs im 19. Jahrhundert. Masterarbeit Universität St. Gallen 2011, S. 47.
43 Nach Kuster, Reformation. Vgl. auch das «Reglement für die kantonale Strafanstalt Sennhof» im Anhang.
44 Landesverwaltung des Kantons Graubünden 1930, S. 68.
45 Landesverwaltung des Kantons Graubünden 1934, S. 82–86.
46 Neue Bündner Zeitung vom 11. Oktober 1929.
47 Der freie Rätier vom 25. Februar 1931.
48 Liechtensteiner Vaterland vom 28. Februar 1931 und Der freie Rätier vom 25. Februar 1931.
49 StAGR III 23 d 2 (Stoffel, Johann, Dossier 1929, wahrscheinlich 1. September).
50 StAGR III 23 d 2 (Stoffel,

Johann, Dossier 1929, 8. Oktober 1929).
51 Neue Bündner Zeitung vom 10. Oktober 1929.
52 Bündner Volkswacht vom 3. September 1929.
53 Bündner Volkswacht vom 18. Juli 1929.
54 StAZH Z 6.906. Kantonspolizist Treichler, 3. September 1930.
55 Der freie Rätier vom 25. Februar 1931.
56 Landesverwaltung des Kantons Graubünden 1934, S. 82, 86.
57 Der freie Rätier vom 25. Februar 1931.
58 Gasetta Romontscha vom 13. Februar 1930. Originaltext in Sursilvan: «Il Gion Stoffel ei puspei a mauns! Dus policists grischuns, sergent Walch a Cuera e sergent Putscher a Landquart, ein la sonda i a Turitg sin ritscherca. Ei fuvan pari era stai al Vorarlberg, el S. Gagl era giu a Turitg per incurir fistitgs dil desiderau fugitiv. Els fuven quella ga sin via a Basel. A Turitg sa ferma il tren in'uretta. Temps avunda per far ina spassiada e magari era ina pescada. Walch e Putscher ein biabein ord la staziun, ch'ei vesan per in schabetsch il Stoffel en compagnia de sia ‹spusa›. Aunch duas autras persunas ein cun quei famos pèr. Stoffel ei bein vestgius, porta mantel e gamaschas, ei fins e bials sco in daner. Num in bien ‹amitg›, in auter ha breigia d'enconuscher Stoffel sut quella mascra e frisura. Ils dus detectivs suondan il cumpogn. Il Stoffel sto ver ferdau la purla. El camina pli e pli.» Übersetzung: Jürg Simonett.
59 Liechtensteiner Nachrichten vom 6. September 1930.
60 Volksrecht vom 3. September 1930.
61 StAGR III 23 d 2 (Stoffel, Johann, Dossier 1929, 24. Februar 1930).
62 StAGR III 23 d 2 (Stoffel, Johann, Dossier 1929, 5. Oktober 1925).
63 Maurer, Alfred: Beschwerlicher Aufstieg. Erinnerungen eines Juristen, Bd. 1. Basel 1990, S. 124.
64 Liechtensteiner Nachrichten vom 24. Oktober 1929.
65 Wildberger, Emmi, in: Cathomas-Bearth, Rita et al. (Hg.): Erzählenhören. Frauenleben in Graubünden. Chur 1998, S. 116.
66 So im Bündner Tagblatt vom 17. Juli 1929.
67 Der Nebelspalter, Jahrgang 55 (1929), Heft 42, S. 8.
68 Der freie Rätier vom 26. Februar 1931.
69 Der freie Rätier vom 25. und 26. Februar 1931.
70 Neue Zürcher Zeitung vom 25. Februar 1931.
71 Neue Bündner Zeitung vom 26. Februar 1931.
72 Bündner Tagblatt vom 26. Februar 1931.
73 Der freie Rätier vom 25. Februar 1931.

74 Vgl. Interviews mit Gerdy Stahel-Stoffel und Agnes Gartmann-Gort.

75 StAGR III 23 d 2 (Stoffel, Johann, Dossier 1923, keine Datumsangabe).

76 StAGR III 23 d 2 (Stoffel, Johann, Dossier 1923, wohl 6. Januar 1923).

77 StAGR III 23 d 2 (Stoffel, Johann, Dossier 1925).

78 StAGR III 23 d 2 (Stoffel, Johann, Dossier 1929).

79 StAGR III 23 d 2 (Stoffel, Johann, Dossier 1929, 2. September 1929).

80 StAZH Z 6.906. Spruchbuch der III. Kammer, Geständige 1930; StAZH YY 10b 11.

81 StAGR III 23 d 2 (Stoffel, Johann, Dossier 1929).

82 Neue Bündner Zeitung vom 25. Februar 1931.

83 Im Folgenden vor allem nach Margrittli-Kligga: 100 Jahre Churer Fasnacht. Chur 1983.

84 Bündner Tagblatt vom 5. März 1930.

85 Margrittli-Kligga, 100 Jahre Churer Fasnacht, S. 39.

86 Interview mit Rudolf Wymann, Chur, am 9. April 2017.

87 Bündner Tagblatt vom 3. März 1930.

88 Il Grigione Italiano vom 5. März 1930.

89 StAZH Z 6.906. Spruchbuch der III. Kammer, Geständige 1930; StAZH YY 20b 11, Gerichtsverhandlung vom 2. September 1930, S. 646/10.

90 Gasetta Romontscha vom 19. Februar 1931. Originaltext in Sursilvan: «Il capitani della detta liunga, Gion Stoffel, ei quels dis vegnius avon dertgira cantonala. El sto dar plaid e fatg per ses enguladetgs es sias aventuras. Culla defensiun del delinquent ei sgr. avocat Dr. Ed. Mirer, Cuera, staus incarricaus.» Übersetzung: Jürg Simonett.

91 Der freie Rätier vom 25. Februar 1931.

92 Neue Bündner Zeitung vom 25. Februar 1931.

93 Der freie Rätier vom 25. Februar 1931.

94 Ebd.

95 Bündner Tagblatt vom 25. Februar 1931.

96 Aufstellung über die dem Johann Stoffel zur Last gelegten Delikte, begangen im Kanton Graubünden. Chur, den 14. Februar 1930. StAGR III 23 d 2 (Stoffel, Johann, Dossier 1929).

97 Der freie Rätier vom 26. Februar 1929.

98 Im Folgenden v. a. Stoffels Verteidiger gemäss Neuer Bündner Zeitung vom 25. und 26. Februar 1931.

99 Bündner Tagblatt vom 26. Februar 1931.

100 Neue Bündner Zeitung vom 26. Februar 1931.

101 StAGR III 23 d 2 (Stoffel, Johann, Dossier 1929, 21. September 1930).

102 Lebenslauf, S. 1f.

103 StAGR III 23 d 2 (Stoffel, Johann, Dossier 1929, 18. Februar 1931).

104 Der freie Rätier vom 26. Februar 1931.

105 Neue Bündner Zeitung vom 26. Februar 1931.

106 Bündner Tagblatt vom 10. Februar 1930; Bündner Tagblatt vom 26. Februar 1931.

107 Bündner Tagblatt vom 26. Februar 1931.

108 StAGR III 23 d 2 (Stoffel, Johann, Dossier 1929, 21. Februar 1931).

109 Brütsch, Max: Kant. Strafanstalt Pöschwies. Fragmente der Vergangenheit III. Regensdorf 2000, S. 53f.

110 Brütsch, Max: Kant. Strafanstalt Pöschwies. Fragmente der Vergangenheit I. Regensdorf 1996, S. 30.

111 Gschwend, Lukas: «Gefängnisse», in: Historisches Lexikon der Schweiz online, http://www.hls.ch/.

112 Maurer, Andreas: Der Berufswunsch eines Mörders, in: Schweiz am Wochenende vom 27. April 2019, S. 24f.

113 Neue Bündner Zeitung vom 26. Februar 1931.

114 Der freie Rätier vom 26. Februar 1931.

115 Interviews mit Gerdy Stahel-Stoffel in Schaffhausen am 1. Juli 2015 und am 5. September 2017.

116 C II 0.7.05.04. 10/07. Herblingen wird auf den 1. Januar 1964 in die Stadt Schaffhausen eingemeindet.

117 Das «A» statt «H» als Abkürzung für den Vornamen Stoffels ist offenkundig ein Fehler.

118 Schaffhauser Nachrichten vom 10. August 1951.

119 Oben stehende Ausschnitte aus den *Schaffhauser Nachrichten* verdanke ich Hans Ulrich Wipf, Schaffhausen.

120 So u. a. Der freie Rätier vom 25. Februar 1931.

121 Interview am 5. Januar 2016.

122 Die Tochter Gerdy Stahel-Stoffel beschreibt ihren Vater unter anderem als eher klein und «dünn», als starken Raucher. Interview am 30. Juni 2015.

123 Interview mit Agnes Gartmann-Gort am 5. Januar 2016.

124 Protokoll der Musikgesellschaft Vals, Jahresbericht 1955/56.

125 Ebd.

126 Angabe von Francesco Gianoli, Herrenschneider in Poschiavo, 3. April 2017.

127 Interview am 1. Juli 2015.

128 Bündner Tagblatt vom 26. Februar 1931.

129 Liechtensteiner Nachrichten vom 24. Oktober 1929.

130 Neue Bündner Zeitung vom 17. Oktober 1929.

131 Maurer, Beschwerlicher Aufstieg, Bd. 1, S. 124.

132 Il Grigione Italiano vom 10. September 1930.

133 Interviews mit Agnes Gartmann-Gort sowie Kurt und Gerdy Stahel-Stoffel.

134 Gemäss anderen Berichten geht Stoffels Flucht nicht so vor sich, insbesondere wird

er sehr schnell wieder dingfest gemacht.

135 Gaudenz Schmid, Chur, Jahrgang 1936, Telefon am 10. Dezember 2013 und Besuch am 12. Dezember 2013; Andreas Putzi, Chur, Jahrgang 1926, Telefon am 16. Juni 2018.

136 Besser bekannt ist in Graubünden David Kins «S klina Lädali mit der grossa Uswahl». Kin verkauft während Jahrzehnten auf den Märkten Kleider und andere Artikel. Auch ihn sieht man auf Fotos häufig vor einem imposanten Auto, das zwei Vorteile hat: das geräumige Innenleben sowie einen starken Motor, der bei Bedarf einen Anhänger ziehen kann.

137 Bündner Tagblatt vom 26. Februar 1931.

138 Telefonisches Interview mit Isidor Winzap am 15. Dezember 2018.

139 Telefonisches Interview mit Jakob Pfister am 14. Dezember 2018.

140 Interview mit Angelica Tuor am 18. Dezember 2018.

141 Interview in Surrein am 6. Juni 2015.

142 Archiv SRF, Zürich, 8. Juni 1982.

143 La Casa Paterna vom 10. Februar 1972. Übersetzung aus dem Sursilvan: Jürg Simonett.

144 Beer, Pascal: Reise ans Ende der Welt. Zihlschlacht 2017, S. 13.

145 Allgemein zum Thema: Churer Stadtgeschichte, Bd. 2. Chur 1993, S. 66ff. sowie Collenberg, Adolf: «Hannikel», in: Historisches Lexikon der Schweiz online, http://www.hls.ch/.

146 Churer Zeitung vom 11. September 1786, zitiert nach Stadtgeschichte, Bd. 2, S. 67f.

147 StAGR DV/3, 245/28 (22. September 1786), S. 157ff., zitiert nach Stadtgeschichte, Bd. 2, S. 116.

148 Hugger, Paul: Sozialrebellen und Rechtsbrecher in der Schweiz. Eine volkskundlich-historische Studie. Zürich 1976, S. 82–102, sowie Brian Scherer, Sarah: «Matter, Bernhard», in: Historisches Lexikon der Schweiz online, http://www.hls.ch/.

149 Halder, Nold: Leben und Sterben des berüchtigten Gauners Bernhard Matter. Eine Episode aus der Rechts- und Sittengeschichte des 19. Jahrhunderts. Beiträge zur Geschichte des Strafvollzugs und des Gefängniswesens im Kanton Aargau, Bd. 5. Aarau 1947, zweite Auflage 1977, S. 89f. Zitiert nach Hugger, Sozialrebellen.

150 Ich folge hier im Wesentlichen Wottreng, Willi: Deubelbeiss & Co. Wie ein Gangsterduo die Schweiz in Schrecken versetzte. Zürich 2015. Neulich dazu auch ein Artikel von Willi Wottreng in der *NZZ am Sonntag* vom 24. Dezember 2017 mit dem

Titel «Hausfrau, Mutter, Bankräuberin» zur Bankräuberin Blandine Boller im Jahr 1949.

151 Sprecher, Margrit: Ziemlich beste Freunde. Superstars, drinnen wie draussen, Teil 1, in: WOZ Die Wochenzeitung vom 25. April 2019.

152 Neue Zürcher Zeitung vom 13. September 1999.

153 untergrund blättle vom 27. Oktober 2016.

154 Das Folgende vor allem nach Brandenberger, Kurt: Marco Camenisch, lebenslänglich im Widerstand. Basel 2005. Auch untergrund blättle vom 29. August 2016.

155 Brandenberger, Marco Camenisch, S. 100f.

156 Für das Folgende vor allem Bündner Tagblatt und Neue Bündner Zeitung vom 25. und 26. Februar 1931.

157 StAGR III 23 d 2 (Stoffel, Johann, Dossier 1923, wohl Frühling).

158 Lebenslauf, S. 4.

159 StAGR III 23 d 2 (Stoffel, Johann, Dossier 1929, 2. September 1929).

160 Bericht, wahrscheinlich der Polizei in Innsbruck. StAGR III 23 d 2 (Stoffel, Johann, Dossier 1929, 23. November 1929).

161 StAGR III 23 d 2 (Stoffel, Johann, Dossier 1929).

162 Schaffhauser Nachrichten vom 26. Februar 1931.

163 StAGR III 23 d 2 (Stoffel, Johann, Dossier 1923, 3. März 1923).

164 Christian Brazerol, Agnes Gartmann-Gort, Alois Stoffel und Mathilda Blumenthal-Stoffel.

165 Hobsbawm, Eric J.: Sozialrebellen. Archaische Sozialbewegungen im 19. und 20. Jahrhundert. München 1962. Darauf fussend: Hugger, Sozialrebellen, sowie Wottreng, Willi: Farinet: Die phantastische Lebensgeschichte des Schweizer Geldfälschers, der grösser war tot als lebendig. Zürich 2008.

166 Hobsbawms sechs Punkte, zitiert nach Wottreng, Farinet, S. 94.

167 Hugger, Sozialrebellen, S. 57.

168 Frank Allan, der Rächer der Enterbten, Heft 124, S. 25.

AUTOR

Jürg Simonett ist Historiker und hat zu zahlreichen Themen der Bündner Geschichte publiziert. Er war von 2003 bis 2014 Direktor des Rätischen Museums in Chur.

Der Verlag Hier und Jetzt wird vom Bundesamt für Kultur mit einem Strukturbeitrag für die Jahre 2016–2020 unterstützt.

Mit weiteren Beiträgen haben das Buchprojekt unterstützt:
Gemeinde Vals
Graubündner Kantonalbank, Beitragsfonds
Kulturförderung Kanton Graubünden / SWISSLOS
Stadt Chur, Kulturförderung
Stiftung Lienhard-Hunger
Valser Fonds

Eine Publikation des Instituts für Kulturforschung Graubünden (www.kulturforschung.ch). Der Text entstand im Rahmen eines Forschungsprojekts des Instituts für Kulturforschung Graubünden.

Dieses Buch ist nach den aktuellen Rechtschreibregeln verfasst. Quellenzitate werden jedoch in originaler Schreibweise wiedergegeben. Hinzufügungen sind in [eckigen Klammern] eingeschlossen, Auslassungen mit [...] gekennzeichnet.

Umschlagbild:
Johann Stoffel, elegant gekleidet. StAGR III 23 d 2 (Stoffel, Johann, Dossier 1929).

Lektorat:
Andri Perl, Chur
Stephanie Mohler, Hier und Jetzt

Gestaltung und Satz:
Simone Farner, Naima Schalcher, Zürich

Bildbearbeitung:
Benjamin Roffler, Hier und Jetzt

Druck und Bindung:
Kösel GmbH, Altusried-Krugzell

www.hierundjetzt.ch
ISBN Druckausgabe 978-3-03919-523-7
ISBN E-Book 978-3-03919-972-3